Pas de panique !

Yak Rivais

Pas de panique !

l'école des loisirs
11, rue de Sèvres, Paris 6e

Composition : Sereg, Paris (Times 13/15)
Loi numéro 49956 du 16 juillet 1949 sur les publications destinées à la jeunesse : juin 1988
Dépôt légal : juin 1988
Imprimé en France par Tardy Quercy S.A. à Bourges
N° d'imprimeur : 14207

Sommaire

Il y a une école rue Marcel-Aymé. Il y a une classe au deuxième étage, et dans cette classe, une ribambelle d'enfantastiques !

L'un passe à travers les murs, l'autre flotte sur les eaux, le troisième promène les statues, le quatrième efface les gens avec une éponge, le cinquième arrête le temps, le sixième est élastique, le septième se bat avec son reflet dans le miroir, le huitième, etc., etc... Ce sont des enfantastiques ! La vieille dame aux pigeons, qui demeure à côté de l'école, garde le sourire: «Pas de panique !» dit-elle. «Les enfantastiques mettent un peu d'animation dans le quartier !» Et le journaliste, son voisin, prend des notes. Il aimerait parler des enfantastiques dans le journal. Mais il ne sait pas ce que je sais. Et j'ai décidé de tout vous dire. Ecoutez !

L'enfant
qui traversait les murs

«Surtout!» recommandait la mère à son fils. «Si un jour tu te sens l'envie de traverser les murs, surtout mon chéri, ne le fais pas!»

Jean ne comprenait pas. Il n'avait pas envie de traverser les murs. Quelle idée!

«Ne traverse jamais les murs, mon chéri!»

«Non, maman!»

Son papa avait disparu avant sa naissance, l'enfant ne l'avait pas connu. «Il a disparu dans un accident», disait la maman. Puis elle reprenait sa rengaine:

«Surtout ne traverse jamais les murs!»

«Est-ce qu'on peut traverser les murs?» avait demandé l'enfant au maître d'école.

Le maître estimait que non. Il avait raconté l'histoire d'un homme qu'on avait appelé le *passe-muraille* parce qu'il traversait les murailles. C'était incroyable.

«Surtout, ne traverse pas les murs, mon chéri!»

«Non, maman!»

Pourtant, un matin, Jean se retrouva dans la salle de bains sans savoir comment. Encore mal réveillé, il sentit que quelque chose venait d'arriver. Il se regarda dans le miroir. Il ne se rappelait pas avoir ouvert la porte. Etait-il passé à travers? Il haussa les épaules et fit sa toilette. Sa mère avait préparé le petit déjeuner dans la cuisine. Jean lui demanda:

«Tu crois qu'il a existé, le *passe-muraille*?»

A ces mots, la mère pâlit et lâcha la tartine

qu'elle était occupée à beurrer:

«Mon chéri!» s'écria-t-elle.

Jean la regardait sans comprendre: elle tremblait, elle fut obligée de s'asseoir.

«Maman! Est-ce que tu es malade?»

La mère soupira en passant sa main sur son front:

«Un petit malaise. Je vais déjà mieux.»

Elle se leva pour presser son enfant contre elle:

«Surtout, ne traverse jamais les murailles!»

«Mais», dit Jean, «ça ne se peut pas!»

«Hélas si...» soupira la mère.

Puis elle se mit à sangloter et courut dans la salle de bains se passer de l'eau fraîche sur le visage. L'enfant était très étonné. A l'école, il se montra distrait, il n'écoutait pas. Quand le maître lui demanda combien font 4 fois 3, il lui répondit: «Vercingétorix». La classe éclata de rire.

Mais Jean, poursuivi par son idée fixe, demanda:

«Est-ce que le *passe-muraille* a existé?»

«Je ne crois pas», répondit le maître. «C'est un conte de Marcel Aymé. Si tu as l'intention de traverser un jour les murailles comme lui, préviens-moi: j'aimerais assister à l'événement!»

Jean secoua la tête. Il n'avait pas l'intention de traverser les murs. Mais il était troublé. Il essayait de se rappeler ce qu'il avait fait ce matin au réveil. Il s'était mis debout, il était encore endormi. Il s'était retrouvé devant le lavabo. Il ne se souvenait pas d'avoir ouvert la porte. Etait-il passé à travers?

Alors il leva le doigt:

«Est-ce que je peux aller faire pipi?»

Il n'avait pas envie. Il voulait faire une expérience. Il s'enferma dans les cabinets. Il était debout devant la porte. Il hésitait. Il pensait: si je fais un pas en avant je vais m'écraser le nez sur la porte!

Ce fut soudain plus fort que lui! Il fit un grand pas en avant! Sa main pénétra dans la porte comme dans de l'eau! Il s'y enfonça la tête la première! Son corps suivit sans la moindre gêne! Jean était de l'autre côté! Il avait *traversé* la porte; la preuve: elle était fermée de l'intérieur!

«Me voilà comme le *passe-muraille*!» murmura-t-il.

Il était très ému, ses jambes tremblaient. Il se mit en marche vers la classe, mais il réfléchissait qu'il avait traversé une porte, pas un mur. Le *passe-muraille* traversait les murs.

«Je peux traverser les murs si je veux!»

Il s'arrêta dans le couloir. Il se rappelait une farce faite par le *passe-muraille* à son chef de service. Il avait passé sa tête à travers le mur juste au-dessus du bureau de son chef afin de lui crier des sottises. Le chef était éberlué.

«Je ferais bien la même farce que lui!» se dit Jean.

Il en riait d'avance. Il ne doutait pas de parvenir à traverser le mur. Alors il avança vers celui-ci, tête baissée, et s'y enfonça. Il passa la tête et les bras dans la classe, au-dessus de la table d'Arnaud et de Jérémie. Jérémie justement avait la tête en l'air pour compter les mouches. Jean lui tira la langue. Jérémie ouvrit de grands yeux; il tira le bras d'Arnaud pour le faire regarder en l'air. Jean leur fit un pied de nez. Les gamins poussèrent un cri de surprise et toute la classe releva la tête à ce cri. Arnaud et Jérémie désignaient le mur nu: Jean n'y était plus. Arnaud balbutiait:

«Je... Je... C'était Jean... C'était sa tête!»

«Il nous faisait des grimaces!» s'écria Jérémie.

Le maître regardait le mur d'un air perplexe.

«Là! Là!» cria tout à coup Alexandre en désignant un autre emplacement sur le mur.

C'était Jean qui venait d'y risquer le bout du nez. Alexandre l'avait repéré. Jean s'était retiré. Les élèves regardaient le mur nu.

«Si ça se trouve», déclara Julien en parlant de Jean, «il est comme le *passe-muraille*!»

«C'est impossible», dit Monsieur Lebois, le maître d'école.

«Là! Regardez!» cria Sébastien.

La tête de Jean venait d'apparaître pour la troisième fois dans le mur comme un trophée de chasse. Jean souriait. Tout le monde le regardait en ouvrant les yeux et la bouche. Le maître s'approcha à pas lents comme s'il redoutait que le phénomène ne se dissipe à son arrivée.

«Jean? Ça va?»

«Ça va bien.»

«Ça ne te fait pas mal?» demanda Eléonore.

«Je ne sens rien.»

Le maître prit la main de l'enfant emmuré:

«Viens par ici...»

Il le tira dans la classe: on vit son buste apparaître, puis ses hanches et ses jambes. Ce fut l'occasion d'un fameux vacarme dans la classe! Les élèves entouraient le phénomène! Ils le touchaient pour vérifier qu'il était réel.

Mais Jean riait:

«Je suis comme le *passe-muraille*! Je traverse les murs!»

Le maître hocha la tête:

«Prends garde de ne pas finir comme lui!» dit-il d'un air sentencieux.

Puis il rappela la fin du *passe-muraille*. L'homme s'était engagé dans un mur. Il s'y était senti mal à l'aise, ses épaules et ses hanches frottaient. Il s'y était englué, il y était resté.

«C'est dangereux d'être un *passe-muraille*», conclut le maître.

«Je trouve cela agréable», expliqua Jean.

«Moi je n'y arrive pas!» avoua Alexandre qui venait d'essayer à plusieurs reprises de s'enfoncer dans le mur, mais n'avait réussi qu'à se faire une bosse au front.

«Ma mère m'interdit de le faire», dit Jean.

«Elle a raison», approuva le maître. «Imagine que tu te trompes de mur, et que tu traverses celui qui donne sur la cour ! Tu tomberais du deuxième étage ! »

Les élèves n'avaient pas pensé à cela.

« Tout de même ! » dit Samuel, « ce serait amusant d'aller tirer la langue... »

« ...au directeur dans son bureau ! » acheva Thomas son frère jumeau. (Ces deux-là pensaient la même chose ! Quand l'un commençait une phrase, on pouvait être sûr que l'autre allait la finir !)

« Si nous terminions l'exercice de conjugaison ? » suggéra le maître pour couper court aux éclats de rire.

On se remit au travail. Mais comme tous pensaient au prodige, les résultats ne furent guère brillants ! L'un avait écrit sur son cahier : *verbe passe-murailler au futur, je passe-muraillerai, tu passe-murailleras,* etc... L'autre avait écrit à l'imparfait : *Je passe-muraillais, tu passe-muraillais,* etc... En lisant ces devoirs, le maître poussa une exclamation de colère : « Vos passe-muraille sont pleins d'étourderies ! » – Il voulait dire : « Vos devoirs. »

L'heure du déjeuner arriva. Les enfants demandèrent à Jean de quitter la classe en traversant le mur. Toute l'école connut bientôt l'existence du jeune *passe-muraille.* Les camarades l'escortèrent en bande joyeuse jusque chez lui. Ils lui demandaient de surprendre les gens dans les appartements, et Jean s'introduisait ici ou là en faisant d'affreuses grimaces aux gens attablés. Une fois, il trempa son doigt dans la purée d'un vieux monsieur qui resta tout saisi, la fourchette en l'air.

La mère avait entendu le vacarme des enfants dans la rue. Elle comprit ce qui s'était passé. Elle tomba assise sur une chaise:

«Il traverse les murs lui aussi!»

L'enfant quitta ses camarades et entra en traversant le mur:

«Maman! Regarde ce que je sais faire!»

La mère pleurait. Jean vint l'embrasser:

«Ça ne me fait aucun mal, tu sais...»

La mère sanglotait désespérément:

«Il traverse les murs! Comme son père!»

«Quoi?» dit Jean.

Alors la mère raconta tout: le papa de Jean, c'était le *passe-muraille*. Monsieur Marcel Aymé n'avait rien inventé, le *passe-muraille* avait existé. Il avait disparu, une nuit, dans une épaisse muraille à Montmartre, rue Norvins. Il y était encore, à ce qu'on prétendait, on l'entendait gémir les nuits de pleine lune.

«S'il y est encore, j'irai le chercher!» décida Jean.

«Mais c'est impossible, mon chéri...»

«J'irai! Je le prendrai par la main! Je le décoincerai! Je peux entraîner quelqu'un dans le mur avec moi! Regarde!»

Il avait pris la main de sa mère, et il la tira. Ensemble, ils traversèrent la cloison et se retrouvèrent dans la salle de bains du voisin qui était tout nu en train de se doucher. Ils s'excusèrent et ressortirent aussitôt. La mère riait à cause de la tête que faisait le voisin. Mais l'instant d'après, elle secouait la sienne avec tristesse :

« Tu n'arriveras pas à retrouver ton père ! Je ne sais même pas où il est ! »

« Je chercherai », dit Jean.

C'était nuit de pleine lune cette nuit-là. La mère et l'enfant se mirent en route. Ils prirent le métro jusqu'à la station *Abbesses,* et de là, remontèrent vers le Sacré-Cœur de Montmartre en consultant le plan. Ils demandaient leur chemin aux passants. Une fois, ils furent forcés de traverser un mur car ils s'étaient aventurés dans une impasse. Rien ne les arrêtait. Ils parvinrent enfin rue Norvins. Il était minuit. La rue était déserte. La mère et l'enfant s'immobilisèrent en tendant l'oreille.

« Je n'entends rien », murmura la mère.

« Moi non plus », chuchota l'enfant.

Puis il réfléchit, et il eut une petite idée :

« A quelle heure papa s'est-il enfoncé dans la muraille ? » demanda-t-il.

La mère l'ignorait.

« Tu comprends », expliqua-t-elle en rougissant, « il était venu me rendre visite chez moi. Nous étions fiancés. Il m'a quittée vers une heure et demie... »

« Dans ce cas, nous allons attendre. »

Ils s'assirent sur un banc.

La mère, anxieuse, disait: «Depuis le temps, il est probablement mort.»

«Si les gens l'entendent», répliquait l'enfant, «c'est qu'il est vivant!»

Un clochard s'engagea dans la rue; il chantait une chanson ancienne en brandissant une bouteille de vin. Il remarqua la mère et le fils et il s'approcha: «Hé! La petite dame! Faut pas rester là! Sinon vous entendrez Garou-Garou!»

La mère eut un petit cri d'espoir: «Garou-Garou! C'est lui! Vous l'avez déjà entendu?»

«Si je l'ai entendu!» s'écria le clochard. «*** de *** (C'étaient des gros mots que je ne veux pas rapporter.) Je l'ai entendu au moins dix fois! Faut pas rester là!»

«Pourquoi?» demanda Jean.

«Parce que ça porte malheur *** de ***!»

L'enfant haussa les épaules: «Papa ne porte pas malheur!»

«Ah!» fit le clochard. «C'est ton père?»

«Oui», dit Jean. «Et je vais le ramener à la maison.»

«Ah!» dit le clochard en se débouchant les oreilles d'un doigt enfoncé dedans.

Il croyait avoir mal entendu. Mais soudain, une sorte de plainte incompréhensible s'éleva d'une muraille.

«C'est lui! C'est Garou-Garou *** de ***!» s'écria le clochard en faisant un signe de croix à l'envers pour conjurer le mauvais sort.

Il se mit à trembler.

«Taisez-vous!» lui dit Jean.

Il s'efforçait de localiser la voix qui provenait du mur de pierre. Il se déplaça dans la rue. La mère avait porté la main à son cœur en entendant la plainte bizarre de Garou-Garou.

C'était à peu près comme ceci: «Onnnnnnnn... Onnnnnnnn... Onnnnnnnn...»

«Il m'appelle!» balbutiait la mère. (En effet, elle s'appelait Suzon.)

«Je vais le chercher!» dit Jean.

«Attends!» s'écria la mère tremblante.

Mais Jean avait fait un pas en avant vers l'épaisse muraille. La mère et le clochard le virent s'enfoncer dans la pierre. Le clochard en laissa tomber sa bouteille dans le caniveau où elle se brisa:

«*** de *** de ***!» jura-t-il.

Jean avait disparu. La plainte de Garou-Garou s'interrompit. Le clochard se grattait la tête:

«Je vous avais prévenus!» grommela-t-il. «Ça porte malheur!»

«Taisez-vous!» lui dit la mère. «Ne répétez pas des...»

Elle n'acheva pas sa phrase car le clochard avait poussé un cri d'effroi. Le doigt tendu, il désignait le mur. On voyait une main d'enfant en sortir très lentement, puis le bras, puis le corps. Mais cela se passait très lentement, comme si c'était difficile de s'extirper de cette muraille-là. On entendait l'enfant ahaner. La mère eut très peur en devinant quels efforts terribles il faisait.

«Jean! Il va y rester lui aussi!»

Mais l'épaule et le visage de l'enfant reparaissaient. De l'autre main tendue, Jean remorquait péniblement quelque chose ou quelqu'un. La mère se précipita au-devant de son fils.

«Mon chéri!»

L'enfant l'écarta:

«Aidez-moi!» cria-t-il au clochard.

Sa deuxième main venait de s'extirper du mur. Elle cramponnait une autre main, plus grande, une main d'homme, qui sortait des pierres à son tour avec difficulté.

La mère vola au secours de son fils. Le clochard contemplait la scène fantastique d'un air abruti...

«Aidez-nous!» s'écria la mère.

Le clochard accourut. Il écarta la mère pas assez forte, et tira sur le bras d'homme qui émergeait du mur. C'est ainsi que tirant, tirant, il fit apparaître l'épaule, la première jambe, le tronc et le visage, le second bras et la seconde jambe de Garou-Garou le *passe-muraille*. Le clochard n'en revenait pas. Garou-Garou était libre. Il défripait son costume, il s'accroupissait et sautillait sur place parce que depuis le temps qu'il était incrusté dans la pierre, il avait des fourmis dans les jambes.

Tout à coup, Garou-Garou aperçut la femme qui se tenait dans l'ombre et qui le dévisageait.

Elle avait vieilli, mais il la reconnut malgré tout. Il fit trois pas vers elle d'un air intrigué:

«Suzon?» demanda-t-il.

Il n'était pas très sûr de lui. Mais la femme se mit à rire et à pleurer en lui ouvrant ses bras. Il la serra fort contre lui, il l'embrassait, il caressait son front et ses joues, il était heureux de la retrouver après ces années. La femme le repoussa doucement et lui montra l'enfant:

«C'est Jean», murmura-t-elle. «C'est notre enfant. C'est lui qui t'a sauvé.»

Garou-Garou se retourna. Il dévisageait l'enfant. Soudain, il courut vers lui et le souleva dans ses bras. Son menton piquait (depuis le temps qu'il n'était pas rasé!), mais l'enfant était heureux comme il n'avait jamais été, parce qu'il avait trouvé son père. La mère les pressait tous deux contre son cœur. Elle sanglotait et éclatait de rire en même temps:

«Promettez-moi!» s'écriait-elle. «Promettez-moi de ne plus traverser les murailles!»

La famille riait, dansait, chantait en se tenant par la main.

«Et moi alors?» protesta le clochard. «C'est moi qui l'ai sorti de ce mur *** de ***!»

C'était la vérité. La famille lui fit fête et tout le monde s'en alla sabler le champagne dans le bistrot le plus proche.

C'est depuis cette nuit mémorable qu'on ne peut plus entendre Garou-Garou à Montmartre.

Il a déménagé. Il habite rue Marcel-Aymé. Il a repris son emploi de bureau, mais il ne traverse plus les murs. Jean, en revanche, les traverse encore, mais il ne faut pas le répéter: ça ferait de la peine à sa mère.

Les lunettes à musique

Alexandre n'aimait pas le solfège. D'ailleurs il confondait les notes : do ré mi sal fo li so da. Quelle marmelade ! Il faisait grincer son violon : criiiiiiiiii-ing !

« Je suis brimé ! » disait Alexandre.

« Tu ferais mieux d'acheter des lunettes ! » ricanait le professeur.

Si bien qu'Alexandre acheta des lunettes. Le marchand de lunettes à musique était un vieux Chinois bossu tout ridé ; il riait tout le temps d'un air moqueur en se frottant les mains :

« Hi-hi-hi ! Je vois ce qu'il te faut ! Voici des lunettes pour lire ta méthode de solfège ! »

C'étaient des lunettes merveilleuses. Plus besoin d'apprendre.

Alexandre chaussait les lunettes et jouait toutes les pages sans effort.

« Quels progrès ! » s'exclama son professeur. « Je n'ai jamais vu ça ! »

Alexandre rentra fièrement chez lui et rangea le violon dans un coin. Plus la peine de se fatiguer. Mais le mercredi suivant, quel désastre ! Le professeur avait invité un collègue :

« Tu vas voir », lui promettait-il. « Cet élève a fait des progrès incroyables ! Montre-nous ce que tu sais faire, Alexandre ! »

Il avait ouvert la méthode. Alexandre chaussa les lunettes, il souleva l'archet, et soudain il fit une affreuse grimace : beuark ! Il ne savait pas lire l'exercice !

«Qu'attends-tu pour commencer?» demanda le professeur impatienté.

«Heu... Je... Glub... Je ne sais pas...» bredouilla piteusement Alexandre.

«Tu le fais exprès! Le jour où j'invite un collègue à venir t'entendre!» (Le collègue riait de toutes ses forces.)

Les professeurs sortirent. Alexandre rangea son violon, referma la méthode; et alors il comprit ce qui venait d'arriver! Il avait acheté des lunettes pour la méthode *numéro un,* et c'était la *numéro deux* que le professeur voulait lui faire déchiffrer, il s'était trompé!

Mais alors?

«C'est vrai, hi-hi-hi», dit le vieux marchand de lunettes en se frottant les mains. «Il y a des lunettes particulières pour chaque méthode. Il faut changer de lunettes si l'on change de méthode, hi-hi-hi!»

«Je suis brimé!» se plaignit Alexandre.

Il acheta une seconde paire de lunettes. Le marchand chinois riait en se frottant les mains: «Hi-hi-hi, je te souhaite bon courage!»

Bien entendu, grâce aux lunettes nouvelles, Alexandre déchiffra la seconde méthode sans erreurs. Mais vous devinez la suite? Il fallut acheter une troisième paire de lunettes, puis une quatrième, et ainsi de suite, pour lire les méthodes nouvelles.

«Je suis brimé!» geignait Alexandre.

Il jouait ses morceaux parfaitement.

«Je suis content de toi», déclara le professeur. «Peux-tu étudier ce morceau de Jean-Sébastien Bach pour la semaine prochaine?»

C'était une partition difficile avec des notes comme des chiures de mouches sur les portées. Alexandre gémit à sa vue. Il courut chez le vieux Chinois, qui le rassura: mais oui, hi-hi-hi, il vendait des lunettes pour jouer ce morceau de Bach. Il en vendait, hi-hi-hi, pour tous les morceaux du monde!

(Mais pourquoi se moquait-il toujours de son client?)

Alexandre acheta les lunettes. Dans les semaines qui suivirent, il acheta des lunettes pour jouer des morceaux de Mozart, Beethoven, Bartok, et même Dupont. On disait qu'il était doué, qu'il lisait merveilleusement des morceaux tarabiscotés.

Si bien que le professeur annonça: «Nous allons donner un concert.»

«Heu... Je... Glub... Non merci...» bredouilla Alexandre.

Il était honteux et il avait peur.

Il possédait pourtant une cinquantaine de paires de lunettes à musique étiquetées de 1 à 50 pour ne pas se tromper de morceau (sinon, il ne pouvait pas jouer). Les lunettes devenaient encombrantes: il fallait une mallette pour les ranger.

Le vieux marchand riait: «Quand il te faudra

une malle, hi-hi-hi, je te prêterai une brouette pour les déplacements ! »

« Je suis brimé ! » grognait Alexandre.

Son concert fut un succès. Alexandre fut invité à jouer à la radio, à la télévision ; sa photographie était dans le journal. Mais il possédait à présent près de trois cents paires de lunettes, et parfois ne les reconnaissait plus lui-même. (Il lui arrivait d'ailleurs d'acheter des morceaux de musique que le professeur ne lui demandait pas ; grâce aux lunettes assorties, il les jouait chez lui, pour le plaisir.)

« Hi-hi-hi ! Tu commences à aimer la musique ! » se moquait le vieux Chinois bossu en se frottant les mains.

Alexandre ne répondait pas. En cachette, il avait essayé de lire des morceaux de musique *sans* lunettes. Catastrophe ! Les notes se brouillaient comme avant ! Do rol ma fi sa lo si da ! Elles trottaient sur les partitions comme des milliers de puces ! Elles se cachaient derrière les barres de mesures comme des moutons qui sautent des barrières ! Elles étaient blanches, noires, multicolores ! Les croches étaient plus traîtresses que des sorcières ! Il y avait des soupirs partout – mais les plus gros soupirs, c'était Alexandre qui les poussait ! « Je suis brimééééé ! » pleurnichait-il. Il avait très peur qu'on le démasque !

Un désastre eut lieu tandis qu'il était à l'école. Sa maman, en faisant le ménage, découvrit la collection de lunettes cachée dans une vieille valise sous le lit du petit «musicien».

«Qu'est-ce que c'est que ça?» dit la mère.

Elle compta près de six cents lunettes qu'elle prit pour des jouets ridicules:

«Mon fils n'est pas myope à ce point-là!»

Et hop! Elle jeta tout cela aux ordures!

A son retour, Alexandre ne retrouva plus rien. Il se mit à pleurer, à crier, à trépigner. «Je suis briméééééééééé!» hurlait-il. «Je suis le plus brimé de la Terre!» (Et même des planètes du système solaire, si vous voulez mon opinion.)

L'heure de la leçon de musique approchait!

Alexandre courut chez le marchand de lunettes!

Mais le vieux Chinois lui expliqua, hi-hi-hi, en se frottant les mains, hi-hi-hi, qu'il ne possédait pas de doubles des fameuses lunettes à musique, hi-hi-hi! Il pouvait évidemment, hi-hi-hi, vendre à son honorable client, hi-hi-hi, des lunettes nouvelles, pour jouer des partitions nouvelles, hi-hi-hi, mais en ce qui concernait les anciennes, hi-hi-hi, il ne pouvait pas le dépanner.

«Je suis brimé!» s'écria Alexandre effondré.

Pauvre mignon! Comment avouer aux professeurs, aux parents, aux camarades, aux admirateurs et admiratrices, qu'il était un usurpateur! Qu'il ne savait pas distinguer une clé de sol d'une clé à molette! Qu'il jouait comme un chat qui miaule!

« Je suis brimé ! » se plaignait-il avec amertume. « Je suis brimé ! »

Il rentra chez lui et se coucha pour faire croire qu'il était malade. Il réfléchissait... Soudain, il se leva d'un bond et s'en fut chez le marchand de lunettes :

« Je vais *apprendre* les morceaux anciens ! » lui dit-il. « Est-ce que je peux m'entraîner chez vous secrètement ? »

Le Chinois eut un large sourire, hi-hi-hi, en se frottant les mains, car c'était ce qu'il espérait. Pendant des semaines, pendant des mois, Alexandre prit midi et soir le chemin de la petite boutique au lieu d'aller jouer dans la rue. Et lentement il apprit le solfège. Do ré mi fa sol la si do. Facile. Il apprit la clé de sol, la clé de fa, la clé d'ut, et tout le trousseau de clés. Un jour, il sut faire chanter son violon : il jouait les morceaux anciens. Alors, la paresse (ou l'habitude) le reprit :

« Pour le prochain morceau, je vais acheter une paire de lunettes. »

Le marchand les lui procura, hi-hi-hi, en se frottant les mains d'un air narquois. Alexandre chaussa les lunettes et joua le morceau sans erreur. Il était content. Mais le vieux bonhomme éclata de rire en reprenant les fameuses lunettes, hi-hi-hi. Il passa ses doigts dans les trous : ces lunettes n'avaient même pas de verres !

Mais alors ? Mais alors ? Qu'est-ce que ça veut dire ?

«Ça veut dire, hi-hi-hi», ricana le marchand, «que maintenant tu connais la musique, et que tu n'as plus besoin de lunettes, hi-hi-hi!»

Alexandre fronça les sourcils. Je suis encore brimé, pensait-il. Mais il souleva son archet et rejoua le morceau *sans* lunettes. Quand il eut terminé, sans une seule fausse note, il resta silencieux un moment, l'archet en l'air. Il était ému.

Il murmurait: «Je peux! Je peux! Je peux!»

Il se mit à rire nerveusement et à bondir de joie dans la boutique; il dansait la vraie danse du scalp des Peaux-Rouges:

«Je peux! Je peux! Je peux!» criait-il à tue-tête.

«Tu n'es plus brimé?» lui demanda le marchand.

Alexandre riait. Il pouvait jouer n'importe quoi et même «J'ai du bon tabac». Bien entendu, il fallait travailler pour bien jouer, mais le violon ne le rebutait plus. Il travailla beaucoup. Il devint un vrai musicien, et donna de nombreux concerts. Il pensait n'avoir plus jamais besoin de lunettes. Mais un soir qu'il était devenu grand, il heurta quelqu'un qu'il n'avait pas vu en sortant de scène, et il s'excusa: «Pardon Monsieur».

Il avait heurté une danseuse qui se mit à rire joyeusement de sa bévue. Alexandre était tout confus. Alors il acheta des lunettes, forcément: comment lui demander de l'épouser s'il ne la voyait que dans le brouillard?

L'enfant qui effaçait les gens

Les parents s'étaient disputés :

«C'est ta faute!»

«C'est ta faute!»

«C'est toi qui as commencé!»

«C'est toi qui as commencé!»

«Je divorce!»

«Je divorce!»

Et vlan! Les portes claquaient. Alors France éclata. Elle se leva de table en renversant son bol et cria: «J'en ai maaaaaaaaaarre!»

A ce cri, le père passa la tête par la porte entrebâillée, la mère passa la tête par une autre porte:

«Que se passe-t-il?» dit le père.

«Que se passe-t-il?» dit la mère.

«J'en ai maaaaaaaaaaaarre!» cria France.

Ils ouvrirent les portes complètement et ils s'approchèrent pour apaiser leur fille, mais elle prit dans son sac une éponge humide et *pfuitt! pfuitt!* elle agita l'éponge devant le père comme si elle avait voulu l'effacer. Et c'est bien ce qui arriva! Le père fut à demi effacé! Tout le haut disparut, la tête, les épaules, les bras et les mains, et le torse. Seules les jambes s'activaient encore, en silence.

La mère avait poussé un cri d'effroi en voyant le père disparaître: «Célestin!» (Elle l'appelait Célestin parce qu'il se prénommait Félix.) «Célestin!»

Elle n'eut pas le loisir de l'appeler une troisième fois, car France agitait l'éponge devant elle et *pfuitt! pfuitt!* la mère disparut comme le père. Il ne restait des parents que deux paires de jambes qui trottaient dans l'appartement à la poursuite de la fillette. C'était amusant de les voir ainsi trotter ; mais France n'avait pas envie de s'amuser. Elle était furieuse et criait dans sa barbe (ce qui est une façon de parler puisqu'elle n'avait pas plus de barbe qu'un œuf) :

« J'en ai maaaaaaaaaaaaaaaaarre ! J'en ai maaaaaaaaaaaarre ! »

Elle attrapa son sac d'école et quitta l'appartement ; les jambes du père et de la mère la poursuivirent. Elle dévala l'escalier. A l'étage au-dessous, David et sa maman sortaient de chez eux tranquillement comme tous les matins.

La maman embrassait son fils en lui faisant ses recommandations habituelles : « Tâche de bien travailler, mon biquet ! »

France arriva entre eux comme une locomotive et les sépara brutalement.

« Attention ! » s'écria la mère de David.

« J'en ai maaaaaaaaaaaarre ! » lui répliqua France.

Et *pfuitt ! pfuitt !* Elle effaça David et sa mère de deux bons coups d'éponge. On ne voyait plus que les jambes de la mère et que les jambes et la tête de son fils.

Et cette tête protestait : « Arrête, France ! Tu es folle ! »

« J'en ai maaaaaarre ! »

Et *pfuitt !* Elle effaça la tête de son camarade de classe. Le malheureux et sa mère étaient réduits à peu de chose. Ils furent subitement bousculés par les jambes de la père et du mère de France (oh pardon ! Je veux dire : du père et de la mère ! Toutes ces jambes m'embrouillent d'autant plus que celles de David et de sa mère emboîtèrent le pas à celles des parents de la fillette !)

La concierge alertée était sur le pas de sa loge au pied de l'escalier. Elle vit arriver France et quatre paires de jambes à ses trousses. Elle tendit bravement son balai en travers du passage et demanda, avec un accent parce qu'elle était portugaise : « Où tou vas commé ça, Francé ? »

« J'en ai maaaaaaaaaaaarre ! » cria France.

Et *pfuitt ! pfuitt !* elle effaça la concierge. Il n'en restait que les jambes et le balai, et tout cela fit la culbute, renversé par les jambes des quatre poursuivants. Alors, la concierge, relevée, se joignit à la poursuite. La fillette était déjà sortie sur le trottoir ; ses amies l'appelaient :

« Attends-nous ! » criait Anne.

« Ne cours pas si vite ! » réclamait Audrey.

« J'en ai maaaaaaaaaaaarre ! » leur cria France pourchassée par un cortège de jambes qui faisaient derrière elle comme une grosse chenille.

Et *pfuitt ! pfuitt !* Plus d'Anne ! Plus d'Audrey ! Rien que deux paires de petites jambes qui s'ajoutèrent aux autres à la queue leu leu. Les gens se retournaient pour regarder passer cette espèce de train à douze pattes :

« Regardez ! » criaient-ils. « Un monstre ! »

Pfuitt ! pfuitt ! France les effaçait à leur tour. Et à leur tour, ils s'accrochaient à ses basques. Il y eut bientôt derrière la fillette en colère une longue procession de jambes sans corps qui bondissaient sur le trottoir. France atteignit le carrefour. Elle ne regardait ni à droite ni à gauche, ni devant ni derrière elle, mais elle traversa la rue en courant. Les automobiles zigzaguaient pour l'éviter en faisant crisser leurs pneus et sonner les avertisseurs. Les chauffeurs passaient la tête par la portière des véhicules pour clamer leur indignation :

« Tu ne peux pas regarder où tu marches ! Tu veux qu'on te transforme en carpette ! »

« J'en ai maaaaaaaaaaaarre ! » leur répliquait France.

Et *pfuitt ! pfuitt ! pfuitt ! pfuitt !* elle épongea les voitures ; il n'en restait que les roues ! Les jambes des chauffeurs en descendaient, c'était tout ce qui restait des malheureux ! Elles grossissaient la meute des poursuivants.

La contractuelle avait vu ce qui s'était passé. Des jambes l'entouraient, pour l'inciter à user de son autorité afin d'arrêter cette gamine. Elle prit son sifflet et siffla.

« J'en ai maaaaaaaaaaaarre ! » cria France au passage.

Et *pfuitt !* plus de contractuelle à part les jambes et le gant blanc qui tenait encore le sifflet. La fillette ne se retourna pas. Une centaine de jambes l'escortaient en sautant, dansant, courant, gambadant, bondissant. Des pieds se marchaient sur les pieds, d'autres pieds se donnaient des coups de pied, c'était une sacrée bousculade! Mais France n'avait pas envie de rire. Elle se dirigeait vers l'école. La vieille dame aux pigeons la regardait venir. Elle en avait vu de toutes les couleurs depuis que les enfantastiques de l'école se transformaient en animaux, volaient en l'air ou marchaient aux plafonds des maisons. Mais elle n'avait encore jamais vu pareille assemblée de jambes sans corps, même au bal, et regardait cela d'un air incrédule:

«C'est une course à pied!» s'écria-t-elle.

Puis elle eut peur pour France en la voyant fuir devant ces jambes: «Sauve-toi, petite! Elles vont te piétiner!»

«J'en ai maaaaaaaaaaaarre!» lui répondit France.

Et *pfuitt!* La vieille dame aux pigeons fut réduite à une paire de jambes et tous ses pigeons s'envolèrent. Des enfants grossissaient les rangs de la poursuite au fur et à mesure qu'on s'approchait de l'école. Ils criaient, chantaient, ils appelaient la fillette en déclamant une poésie de Du Bellay apprise en classe:

«*France, mère des arts, des armes et des lois!*»

«J'en ai maaaaaaaaaaaarre!» cria France en se retournant.

Et *pfuitt! pfuitt! pfuitt!* Il ne restait plus des enfants que des petites jambes en chaussettes qui trottaient avec affolement parmi la forêt de grandes jambes des adultes.

A l'entrée de l'école, ce fut pire. D'autres enfants attendaient avec leurs parents que la porte soit ouverte. France les épongea tous, pas de jaloux ! Comme la porte était close, elle l'effaça, *pfuitt !* et elle supprima la gardienne qui se trouvait derrière avec son chat.

La fillette entra dans la cour ; le directeur venait au-devant d'elle :

« Mais ? France ? »

Pfuitt ! Plus de directeur ! La fillette marchait dans la cour de l'école à grands pas. Personne n'avait osé l'y suivre ; une foule de pieds et de jambes stationnaient dans la rue. Monsieur Bertrand, le journaliste qui demeure à côté de l'école, sortit en courant de chez lui avec un appareil photographique et un magnétophone. Il souhaitait interviewer toutes ces jambes sans corps, mais les jambes ne répondaient pas. Certaines se tendaient pourtant peureusement dans la direction de l'école. Alors, Monsieur Bertrand s'aventura dans la cour. Elle était déserte, à part une petite fille qui allait de long en large en grondant.

« Eh bien quoi ? » demanda-t-il aux jambes. « Ce n'est qu'une fillette... »

Il n'eut pas le temps de s'étonner davantage. *Pfuitt !* Plus de journaliste sauf les jambes !

Pourtant, il se passait une chose bizarre : on voyait peu à peu des hanches et des ventres se dessiner au-dessus des jambes. On voyait des épaules se profiler au bout des bras. C'est très simple : effacés avec l'éponge humide, les gens étaient en train de sécher. Ils reparaissaient en séchant. Des têtes se reconstituaient, et naturellement, en se reconstituant, ces têtes se remettaient à bavarder, si bien qu'un impressionnant brouhaha qui ne cessait de croître envahit la rue Marcel-Aymé. Les gens redevenaient eux-mêmes. C'est une foule grondante qui menaçait d'attraper maintenant la fillette.

« C'est un danger public ! » criaient les uns.

« Il faut lui prendre son éponge ! » criaient les autres.

Mais personne n'osait approcher. France avait reculé au fond de la cour, et se tenait sur ses gardes. Les gens murmuraient :

« Regardez ! Son éponge est presque sèche ! »

« Avançons ensemble ! Elle ne pourra pas nous éponger tous ! »

Alors ils s'aventurèrent dans la cour. La fillette brandit son éponge :

« Restez où vous êtes ! » cria-t-elle pour les effrayer.

Mais ils avancèrent. La fillette jeta un coup d'œil à son éponge : elle vit que l'éponge manquait d'eau, et qu'ils avaient raison de penser qu'elle ne pourrait plus les effacer tous.

« J'en ai maaaaaaaaaaaarre ! » cria-t-elle.

Et comme ils bondissaient pour la saisir, *pfuitt !*

pfuitt ! elle s'effaça elle-même et elle disparut complètement ! Plus de France !

Toute la journée, parents, voisins, enfants la cherchèrent dans la cour de l'école. On alerta le commissariat. On ne la trouva pas. Les parents s'affolaient. Ils se reprochaient mutuellement la disparition de leur fillette. Et la dispute recommençait :

« C'est ta faute ! »

« C'est ta faute ! »

« C'est toi qui... »

Soudain ils s'arrêtèrent. Ils se rappelaient que c'était justement leur dispute qui avait déclenché la furieuse colère de leur fille. Alors ils ne se disputèrent plus. Ils rentrèrent à l'appartement. Et que virent-ils ?

France était endormie sur le paillasson. Elle avait essayé d'éponger la porte pour entrer, car il en manquait un petit morceau. Mais l'éponge était devenue sèche, et la porte avait résisté. La fillette s'était endormie. Les parents finirent de monter l'escalier sur la pointe des pieds ; ils emportèrent l'enfant dans son lit. France souriait en dormant. Sans doute faisait-elle de beaux rêves...

L'enfant qui rêvait

C'était l'hiver. Le ciel était noir, il pleuvait. Sébastien se mit à rêver en classe au lieu de faire sa ligne d'écriture. Il était sur la plage, le soleil brillait, la classe peu à peu se transforma. La mer allait et venait entre les tables, les écoliers avaient les pieds dans l'eau. Les tables étaient devenues des rochers et le bureau du maître était recouvert de varech. Des mouettes piaillaient. Le tableau s'était ouvert et l'on y voyait la mer bleue jusqu'à l'horizon. Un voilier traversa la classe et vogua dans le couloir. Les enfants riaient joyeusement. Alexandre faisait des pâtés de sable avec David, et Julien faisait un château. Paulo venait de se faire pincer par un crabe. L'eau montait. Le maître se jucha sur son bureau-rocher : il agitait son mouchoir pour appeler de l'aide.

«Je me demande ce qui se passe!» disait-il. «Les canalisations sont-elles crevées?»

Cela amusait les enfants. Gentien avait retroussé ses pantalons pour chasser la crevette, et les filles bronzaient au soleil. Sophie faisait provision de coquillages.

«J'espère que nous mangerons du homard à la cantine!» disait Eléonore.

Sébastien, lui, ne disait rien. Il dormait. Soudain, un bateau fit entendre sa sirène, et l'enfant ouvrit un œil :

«Quoi? Quoi? Quoi?» fit-il, ahuri.

Et le sable disparut, les rochers redevinrent bureaux, la mer se retira. Stéphane nageait maintenant sur le carrelage, et le maître agitait son mouchoir, debout sur le bureau. Dehors, il pleuvait tristement, un temps à ne pas mettre un escargot dehors !

Alors Sébastien bâilla, comme ceci : Ouâââââhhh !, et se rendormit aussitôt. Il se mit à rêver de prairies. L'herbe poussait entre les tables devenues chalets de bois. Des touffes de fleurs multicolores égayaient le carrelage. L'armoire était à présent un grand chêne où chantaient des centaines d'oiseaux. Un paysage de collines ensoleillées moutonnait jusqu'à l'horizon. Des papillons y voletaient, les enfants les chassaient avec leurs mouchoirs.

C'est à ce moment-là que le directeur entra. Il vit le paysage, il vit Emmanuelle et Marie cueillir des bouquets de marguerites. Arnaud pleurnichait parce qu'il s'était assis dans l'herbe sur un hérisson.

« Je me demande ce qui se passe ! » dit Monsieur Lebois, le maître d'école.

« Moi je me demande où nous sommes ! » dit Monsieur Mercier, le directeur.

Le maître d'école tira une boussole de son bureau devenu une falaise ; une rivière coulait dans le seau d'eau. Ensemble, le maître et le directeur escaladèrent la falaise pour s'orienter, tandis que les jumeaux pêchaient des grenouilles au pied de celle-ci.

« Nord-nord-est ! » disait Monsieur Lebois.

«Sud-sud-ouest!» disait Monsieur Mercier.

«Je la tiens!» s'écria Samuel.

Mais il avait mal ferré la grenouille: elle tomba dans le cou du dormeur, qui frissonna, ouvrit un œil et dit: «Quoi? Quoi? Quoi?»

Et l'herbe s'enfonça dans le carrelage, les chalets redevinrent des meubles, le ruisseau un seau rempli d'eau. Le maître et le directeur étaient sur le bureau.

«Hum!» dit Monsieur Mercier en descendant de son perchoir. «Je n'y comprends rien.»

«C'est peut-être un mirage?» dit Monsieur Lebois en l'imitant.

Dehors, il pleuvait. Le directeur se gratta le menton:

«Essayez de travailler», dit-il. «Moi je vais me renseigner de mon côté.»

Il sortit. La pluie battait les toits. Quel sale temps! pensa Sébastien en bâillant. Et il se rendormit. Il rêva de réserve africaine. On entendait le tam-tam. Les tables étaient des termitières de terre rouge, et le bureau du maître était la plus haute. Dans un paysage de brousse, on voyait paître les troupeaux de zèbres et de gnous. (Eric faisait rire les filles en disant: «J'ai mal au gnou»!) Des singes piaillaient dans le baobab de l'armoire. Soudain Paulo poussa un grand cri: un lion redoutable rôdait! Tout le monde accourut se réfugier sur le bureau du maître; comme il n'y avait pas beaucoup de place, les élèves se bousculaient, s'agrippaient les uns aux autres pour ne pas tomber ! Ils tremblaient de peur et claquaient des dents ! Ils appelaient au secours ! Et le lion rôdait en ouvrant une gueule impressionnante.

« Au secours ! Au secours ! » criaient les enfants. (Certains appelaient même leur père et leur mère.)

Ces cris éveillèrent Sébastien. Il ouvrit un œil et dit : « Quoi ? Quoi ? Quoi ? »

Le lion s'en alla. Tout le monde soupira. Le directeur justement revenait dans la classe. Il vit les enfants juchés sur le bureau, en grand danger de perdre l'équilibre dans le seau d'eau ou dans la corbeille à papier.

« Il y avait un lion ! » criaient-ils.

« Je n'y comprends rien », avoua le directeur. « J'ai téléphoné à l'Inspection, au Rectorat, au ministère de l'Education nationale, personne n'est au courant de rien. »

« Moi je sais », dit une voix.

« Tu sais quoi ? » demanda le maître en cherchant qui avait parlé dans le tas de gamins et de gamines agglutinés sur le bureau ou bien accrochés à ses jambes.

« C'est la faute à Sébastien », dit la voix.

« Sébastien ? » répéta le maître en cherchant toujours qui avait parlé.

Il le découvrit : c'était Youssef, à quatre pattes sous trois camarades, et qui se redressa :

« C'est Sébastien ! Chaque fois que le paysage a changé, lui, il est resté à dormir ! »

«C'est vrai! C'est vrai!» approuvèrent les autres.

«Il rêvait!» reprit Youssef indigné. «Je l'entendais qui disait des mots!»

«Quels mots?» demanda le directeur.

«Il disait *Afrique, Afrique!* Je l'ai entendu!»

Le maître et le directeur se regardèrent. Puis ils regardèrent Sébastien qui ne les regardait que d'un œil, vu que l'autre était déjà refermé.

«Quoi? Quoi? Quoi?» fit Sébastien d'un air ahuri.

«Quand il rêve, le paysage change comme celui de ses rêves!» insistait Youssef.

«Quoi? Quoi? Quoi?» faisait Sébastien.

La paupière de son second œil s'alourdissait. Tout le monde était encore sur le bureau du maître lorsque Sébastien se rendormit en bâillant. Seul le directeur était resté debout sur le carrelage.

Et voilà que le décor changeait. De l'eau sale envahissait la classe, le directeur en avait déjà jusqu'aux genoux.

«Voyez!» disait Youssef. «Sébastien reste assis!»

«Il dort! Il dort!» disaient les élèves.

«Et le décor change!» constatait le maître d'école.

L'eau montait. La classe devenait un marigot avec des hippopotames et des buffles, et le directeur avait de l'eau jusqu'aux cuisses!

Et soudain les enfants crièrent: «Les crocodiles!»

Le directeur se retourna en sursaut: plusieurs crocodiles arrivaient! Vite, il grimpa sur le bureau avec les autres! Tout le monde se bousculait en se cramponnant à tout le monde... et Sébastien dormait!

«Si ces animaux font partie du rêve de Sébastien», supposa le maître, «ils sont peut-être inoffensifs?»

Personne ne voulait aller vérifier!

«J'ai été piqué par un hérisson!» rappelait Arnaud. «J'ai été pincé par un crabe!» rappelait Paulo.

«Il faut réveiller Sébastien!» décida le directeur. «Appelons-le!»

Tous appelèrent. Sébastien dormait. Dans son rêve, les appels se confondaient avec les barrissements des éléphants venus boire au marigot, et ne l'éveillaient pas.

«Lançons-lui ce qui nous tombe sous la main!» proposa le directeur.

Les élèves bombardèrent le dormeur avec ce qu'ils trouvaient dans leurs poches. Une volée de billes, de bonbons, de chewing-gums, de petits soldats, de clés, tomba sur Sébastien qui ouvrit un œil et dit: «Quoi? Quoi? Quoi?»

L'eau baissa de moitié. Mais les crocodiles tournaient autour du bureau en ouvrant des gueules inquiétantes.

« Lancez-lui tout ce que vous trouverez sur le bureau ! » cria le directeur.

Une seconde volée de règles, stylos, crayons, craies, cahiers, livres et même un pot de colle s'abattit sur le dormeur, qui ouvrit le deuxième œil (heureusement qu'il n'en avait pas trois !)

« Quoi ? Quoi ? Quoi ? » bredouilla Sébastien comme une grosse grenouille.

L'eau baissa. Les crocodiles étaient forcés de ramper sur le carrelage, on entendait leurs écailles griffer le sol. Sébastien regardait ses camarades, le maître et le directeur, d'un air ébahi :

« Quoi ? » répétait-il. « Quoi ? Quoi ? Quoi ? »

« Réveille-toi ! » criaient les enfants. « Il est l'heure d'aller à l'école ! »

Sébastien se frotta les yeux, souleva la tête, et les crocodiles s'en allèrent. Le marigot disparut. On était de nouveau en classe, et dehors il pleuvait à verse. Sébastien soupira, bâilla (Ouâââââââhhh !) et posa sa tête dans ses mains. Mais cette fois, tout le monde l'entoura pour l'empêcher de s'endormir.

« Il faudrait lui piquer les fesses avec une aiguille ! » proposait Geoffrey.

« Il faudrait lui jeter le seau d'eau à la figure ! » proposait Eric.

« Il faudrait siffler tout le temps dans ses oreilles ! » proposait Marie-Anne.

« Il faudrait surtout qu'il dorme chez lui le soir au lieu de regarder la télévision », disait le maître.

On le fit changer de place. On apporta sa table contre le bureau du maître. On attacha une petite ficelle à son poignet. Dès qu'il s'endormait, le maître tirait la ficelle. Sébastien perdait l'équilibre et secouait la tête en regardant de tous les côtés d'un air bête: «Quoi? Quoi? Quoi?»

Les enfants riaient de sa stupeur.

A 4 heures et demie, tout le monde s'en alla. On se trouvait encore dans le couloir lorsque des bruits étranges provinrent de la classe qui s'était soudain obscurcie. Une nuée d'extraterrestres et de météorites tombaient du plafond étoilé parmi les fusées et les stations orbitales. Des monstres de l'espace surgissaient du tableau de la classe. Et, assis à sa place la tête dans les mains, Sébastien dormait. Une foule de robots et de cosmonautes se tiraient dessus à coups de rayon fantastique…

«Laissons-le dormir», dit le maître.

La classe s'en alla. Des planètes explosaient en feux d'artifice derrière les élèves qui partaient sur la pointe des pieds.

Quand le dormeur s'éveilla, plus tard, il fit: «Quoi? Quoi? Quoi?»

Il était tout seul dans la classe, il était 18 heures. Alors il prit son sac d'école et se dirigea vers la porte. A la poignée de celle-ci, la balayeuse avait suspendu une pancarte qui portait ces mots: «BONNE NUIT» en grosses lettres.

Sébastien sourit et rentra chez lui. Malheureusement, il n'avait plus envie de dormir.

L'enfant qui se disputait avec son reflet

Comme tous les matins dans la salle de bains, Marie se planta devant le miroir pour faire des grimaces au lieu de sa toilette. Elle roulait les yeux comme des billes, elle retroussait le nez pour que ses narines ressemblent aux trous d'un fusil de chasse à deux coups, elle tirait la langue comme une queue de lézard. En même temps, elle reniflait, grognait, soufflait: bouh! Elle plaçait ses mains ouvertes de chaque côté de sa tête comme des ailes de coq, elle se brossait les cheveux en l'air comme un punk. C'était un affligeant spectacle.

Tous les matins, bien entendu, le miroir imitait Marie. Elle admirait ainsi son séduisant reflet; ses grimaces adorables l'amusaient beaucoup.

Ce jour-là, le miroir refusa de l'imiter.

Le reflet restait impassible. Une Marie méprisante dévisageait la véritable Marie. Cette dernière avait beau se tortiller le nez, gonfler les joues comme des ballons de baudruche, loucher à droite, à gauche, ou même des deux yeux à la fois, le reflet restait indifférent. A la fin, Marie cessa de faire le pitre. Intriguée, elle s'approcha du miroir, jusqu'à le toucher du front.

Elle murmura, pour elle-même: «Pourquoi ne reproduit-il pas mes grimaces?»

«Parce que tu es moche!» dit le miroir.

La fillette recula d'un bond comme si elle venait de croiser un serpent. Elle se demandait si elle avait bien entendu. Elle observait son reflet d'un air de doute, parce qu'il ne lui ressemblait pas:

quand elle agitait les bras, le reflet gardait les siens croisés. Pour le décider à se mouvoir, Marie se fourra un index dans le nez, l'autre dans la bouche, et elle étira son visage comme un masque de caoutchouc. Le reflet haussa les épaules.

«Pourquoi ne fais-tu pas tout ce que je fais?» demanda Marie, les sourcils froncés.

«Parce que ça ne me plaît pas!» répliqua le miroir.

«Tu DOIS faire comme moi!» ordonna Marie. «C'est moi qui commande!»

«Si je veux!» riposta le reflet.

Et pour montrer son mauvais caractère, il se mit à renvoyer des reflets sans aucun rapport avec l'image de la fillette: elle put voir ainsi l'image de sa camarade Eléonore, celle de Stéphane, et même celle d'un singe en train d'éplucher une banane.

«Voilà à quoi tu ressembles quand tu grimaces!» dit le miroir.

«Insolent!» s'écria Marie.

Elle lui fit un pied de nez. Le singe lui lança la banane.

«Je vais te gifler!» menaça Marie en élevant la main.

Vlan! Ce fut elle qui reçut la gifle! Le reflet l'avait devancée!

Marie avait la joue toute rouge, et elle devint furieuse. Mais plus elle s'énervait, plus le miroir se divertissait. Alors Marie ouvrit le robinet du lavabo. Elle puisa de l'eau dans ses mains et la jeta au miroir. Il était mouillé et troublé, on ne l'entendait plus.

Marie ricana: «Ça te calme, pas vrai!»

Son reflet était à peine visible derrière l'écran d'eau qui dégoulinait sur le miroir. Marie s'approcha pour mieux le voir.

Mais il se produisit une chose incroyable, je vous jure que je n'exagère pas! Tout à coup, l'eau disparut du miroir comme si elle était pompée par quelqu'un, et l'on entendait en même temps un bruit d'aspiration comme lorsque vous buvez avec une paille. En trois secondes le miroir fut sec. Marie vit de nouveau son reflet. Il avait une drôle d'apparence: il gonflait les joues anormalement, elles étaient très, très, TRÈS volumineuses.

Marie se moqua de lui: «Tu as la chique? Tu vas chez le dentiste?»

L'image dans le miroir ne répondit pas. Elle avait les joues très, très, TRÈS gonflées. Elle faisait signe à Marie de s'approcher pour lui parler à l'oreille. La fillette se pencha en avant, elle était tout près de son image.

«Qu'est-ce que tu veux?» demanda Marie.

Le reflet ouvrit la bouche et souffla un puissant jet d'eau: Marie reçut l'eau dans la figure, elle était trempée. Son reflet riait, riait! C'était lui qui avait aspiré l'eau du miroir tout à l'heure; il venait de la lui recracher à la figure et Marie pleurnichait.

Elle appela sa mère: «Maman! Maman!»

«Qu'y a-t-il?» demanda la mère sans se déranger car elle préparait le petit déjeuner dans la cuisine.

«Le miroir m'a craché dessus!» se plaignit Marie.

«C'est très bien!» dit la mère. «Profites-en pour te débarbouiller sérieusement!»

«Il m'a lancé une gifle!» protesta Marie. «Et ça le fait rire!»

«C'est normal qu'il rie!» répliqua la mère. «Avec les sottises que tu racontes!»

Marie était contrariée: sa mère ne la croyait pas. Le miroir riait aux larmes. Marie se fâcha; son reflet lui tourna le dos et lui montra ses fesses. Marie était scandalisée:

«Oh! Oh! Oh!» s'écriait-elle en suffoquant.

Elle attrapa le rouge à lèvres de sa mère et barbouilla le reflet. Mais à chaque trait qu'elle faisait, elle sentait quelque chose trotter sur son visage. Elle y porta la main et se rendit compte qu'elle avait le visage badigeonné de rouge à lèvres. Le miroir riait de toutes ses forces. Il chantait:

Hou! Hou! La Marie!
Elle n'est vraiment pas jolie!
Elle est rouge, elle est écarlate!
Sa tête ressemble à une tomate!

Marie était très en colère: elle tirait la langue en faisant bouh!

«Marie! Dépêche-toi!» lui criait sa mère depuis la cuisine.

«J'arrive!» répondit Marie.

En même temps, elle s'efforçait de réduire le miroir au silence. Elle avait jeté dessus sa serviette et elle triomphait parce que le miroir était bâillonné, on ne l'entendait plus.

«Tu ne fais plus le malin!» dit Marie.

Elle fit couler de l'eau dans le lavabo pour faire sa toilette rapidement. Elle prit la savonnette.

«Glou-Glou!» fit entendre une voix qu'elle connaissait bien maintenant. «Je suis là!»

Le reflet de Marie se trouvait au fond de l'eau. Marie se pencha au-dessus de lui. Le reflet lui fit un sourire, et soudain, l'eau du lavabo disparut comme l'eau du miroir tout à l'heure. On voyait les joues de l'image de Marie se gonfler, se gonfler, SE GONFLER. Marie ne se méfiait pas. Le reflet alla plus vite qu'elle. Il cracha en l'air l'eau du lavabo, et Marie reçut tout au visage. Elle était trempée, l'eau avait giclé partout. La fillette saisit la serviette: elle avait oublié le miroir! Dès qu'il fut découvert, le reflet moqueur se manifesta:

Hou! Hou! La Marie!
Elle est ahurie!
Elle est vilaine quand elle louche.
C'est pour ça qu'elle a pris une douche!

«Attrape ça!» lui cria Marie excédée.

Elle lui lança la savonnette ! Le miroir éclata de rire – et en mille morceaux ! Les éclats avaient sauté partout ! Chacun d'eux reflétait une image moqueuse de Marie ! Et toutes ces images ricanaient, glapissaient, sifflaient, faisaient un charivari de ménagerie ! La fillette se boucha les oreilles. Son image était dans toutes les flaques d'eau du carrelage : elle la piétina furieusement. Mais elle éclaboussait ainsi les murs, la baignoire, l'armoire de toilette, et les reflets chantaient tous en chœur :

Hou ! Hou ! La Marie !
C'est une vraie furie !
Elle a lancé la savonnette !
Son miroir s'est brisé en miettes !

« Marie ! Marie ! Viens déjeuner ! » appelait sa mère.

« J'arrive ! J'arrive ! » répondait Marie.

Elle avait attrapé une serpillière et la jetait partout pour éponger l'eau et cacher un peu les dégâts.

« Marie ! Dépêche-toi ! »

« J'arrive ! »

Les reflets riaient dans son dos. Elle poussa les morceaux de miroir sous la baignoire, vite, vite.

« Marie ! »

« J'arrive ! »

Elle s'essuya les mains et vint dans la cuisine.

Elle prenait un petit air innocent. Son bol était sur la table. Marie alla s'asseoir, mais elle recula en sursaut avec un cri, car son reflet venait de se montrer dans la cuiller! Il était déformé et tirait la langue. Marie retourna la cuiller: le reflet lui fit un pied de nez de l'autre côté. Marie repoussa la cuiller. Elle prit le bol de cacao à deux mains.

Sa mère était allée dans la salle de bains; elle se mit à pousser les hauts cris à la découverte du carnage. Marie n'était pas rassurée. Elle baissa la tête. C'est alors qu'elle vit son image! Elle était tapie au fond du bol de cacao, elle avait déjà les joues gonflées, gonflées, GONFLÉES! Marie n'eut pas le temps de reculer! Le reflet lui cracha le cacao au visage!

Et voilà que la mère accourait pour demander des comptes! Elle vit sa fille aspergée d'un jet de cacao aussi puissant que le jet d'eau du château de Versailles! Il y avait du cacao partout dans la cuisine. Et Marie pleurait, pleurait, la tête dans ses bras sur la table. La mère s'attendrit, au lieu de la gronder:

«Je ne sais pas ce que tu fais», dit-elle, «mais c'est du propre!»

«C'est... le... miroir!» sanglotait Marie.

«D'accord», dit la mère. «Maintenant va te changer.»

Elle poussa sa fille vers la chambre. Marie se jeta sur son lit en sanglotant. Elle était vexée.

«Hou! Hou! La Marie!»

Elle ne bougea pas. Elle reconnaissait cette voix. Elle savait que son reflet se trouvait dans le miroir de l'armoire.

«Hou! Hou! La Marie!»

La voix du miroir n'était pas agressive cette fois.

«Laisse-moi tranquille!» répliqua Marie sans le regarder.

Elle se leva et elle s'habilla en lui tournant le dos.

«Tout ça ne serait pas arrivé si tu ne me faisais pas des grimaces!» dit le miroir.

«C'était pour rire!» riposta Marie en haussant les épaules.

«Je ne trouve pas cela amusant!» dit le miroir. «Tu aimerais que les gens te fassent des grimaces tous les jours?»

«Ce n'est pas pareil», dit Marie.

Elle s'était habillée sans le regarder: le miroir se mit à rire: «Si tu vas à l'école comme ça», dit-il, «les autres vont bien s'amuser!»

«Qu'est-ce que j'ai?» demanda Marie.

«Tu ferais mieux de ME regarder pour le savoir!» dit le miroir.

Alors Marie se retourna timidement: elle vit dans le miroir qu'elle avait mis une chaussette rouge et une chaussette verte. Elle se mit à rire elle aussi.

«Dépêche-toi, Marie!» l'appelait sa mère. «Il est l'heure de partir!»

Marie changea vite de chaussettes. Elle attrapa son cartable.

«On se reverra ce soir?» dit le miroir.

«Entendu», dit Marie.

Elle lui fit un salut de la main avant de sortir de la chambre. Et comme elle souriait en sortant, le sourire resta reflété dans le miroir pour toute la journée.

L'enfant
qui ne voulait pas vieillir

«Non! Non! Et non! Je ne veux pas vieillir!» s'écria Anne en tapant des pieds dans la classe comme les trois petits cochons. «Par ma queue en tire-bouchon! Non! Non! Et non! Je ne veux pas quitter mon maître! Je ne veux pas changer de classe l'année prochaine! Je ne veux pas faire de dictées ni de rédactions plus longues! Je ne veux pas faire de problèmes plus difficiles! Non! Non! Et non!»

«Mais, Anne, ma sœur Anne», expliquait le maître en jouant à Barbe-Bleue, «il faudra que tu fasses comme tout le monde!»

«Non! Non! Et non! Je ne vieillirai pas! Je resterai où je suis et comme je suis! Et maman me fera toujours des câlins!»

Elle tapait des pieds. Le maître venait d'annoncer aux élèves qu'ils passeraient au cours supérieur s'ils continuaient de bien travailler. Il avait cru leur faire plaisir.

«Anne, ma sœur Anne, ne vois-tu rien venir?» disait-il. «Tu ne pourras pas rester ici puisque d'autres enfants y viendront!»

«J'arrêterai le temps!» s'écria Anne.

Elle s'assit brutalement à sa table, tapa du poing en disant une formule magique de sa composition, et tout le monde la trouvait amusante. Mais, lorsque le sol de la classe trembla, on la trouva nettement moins drôle. Des brouillards semblaient monter du carrelage.

«C'est une sorcière!» s'écria Gentien effrayé.

Anne répétait ses incantations. Je ne peux pas vous les rapporter parce que j'avais oublié mon magnétophone mais je peux vous assurer que toute la classe vit les aiguilles de l'horloge murale se mettre à tourner à l'envers, et de plus en plus vite. Les aiguilles des montres l'imitaient ! C'était Anne qui détraquait le temps !

Tout le monde se tourna vers elle pour la supplier d'interrompre le maléfice, mais Anne n'était plus là !

« Où est-elle passée ? » demanda le maître éberlué.

Elle n'était plus là.

« Je vais m'asseoir à sa place », décida Audrey. « Je verrai mieux le tableau. »

Elle voulut s'asseoir ; elle n'y parvint pas. Elle fut rejetée à bas de la chaise.

Elle gémissait : « Je ne peux pas m'asseoir ! Il y a déjà quelqu'un sur la chaise ! »

C'était Anne ! Comme le temps était détraqué, elle était restée à sa place, alors que les pendules s'affolaient : la classe et l'enfant ne vivaient plus dans le même temps !

Audrey regagna sa place. Les aiguilles tournaient comme des hélices d'avion. La classe était envahie de brouillards étranges. En même temps, on entendait des grondements. Tout le monde fut bientôt plongé dans la nuit enfumée ; les écoliers se rassemblèrent autour de leur maître en criant.

Quand les ténèbres se dissipèrent, Anne était de

nouveau à sa table, mais elle semblait distante. Et surtout, il y avait une espèce de grosse chose verdâtre au milieu de la salle de classe, une chose très volumineuse qui touchait le plafond et les murs opposés dans le sens de la longueur.

«On dirait une citrouille!» ricana Geoffrey pour amuser les autres.

«On dirait plutôt une baleine!» dit Julien.

C'était une comparaison plus valable: le monticule verdâtre ressemblait à un cétacé échoué. Au fond de la classe, les aiguilles tournaient maintenant avec lenteur, comme si elles allaient s'arrêter.

Le gros tas verdâtre bougea, les élèves reculèrent de deux pas!

«Ça bouge!»

«C'est la faute à Anne!»

La fillette était à sa table, indifférente. Elle répétait ses mots magiques et tapait des pieds: «Non! Non! Et non! Je ne vieillirai pas!»

Les élèves crièrent car le tas verdâtre venait de se soulever sur quatre épaisses pattes courtaudes. Du plafond défoncé par son dos, les gravats tombaient autour de lui. En même temps, une longue queue avait crevé le mur du fond car la chose avait reculé. Les enfants de la classe voisine poussaient des hurlements terrorisés en s'enfuyant dans le couloir et les escaliers.

«C'est un dragon!» s'écria Geoffrey en désignant la masse énorme.

L'animal avait reculé encore, achevant d'abattre la cloison. De dessous son corps, on vit sortir un cou très, très, très long et une petite tête aux yeux mi-clos qui regardaient les écoliers. Le maître fit un geste peu rassuré pour apaiser la bête:

«Hum! Gentil! Gentil toutou! Hum! Couché!» disait-il.

Il lui parlait comme à un chien. Mais ce n'était pas un chien, puisque c'était mille fois plus gros avec une peau rugueuse. (D'ailleurs cela mugissait.)

«On... On dirait un dinosaure!» chuchota Eléonore.

Et c'en était un! En détraquant le temps, Anne avait apporté dans la classe un dinosaure vivant. Il semblait pacifique.

«Une chance que ce ne soit pas un tyrannosaure!» fit Eric en frissonnant de peur à l'idée du monstre carnivore des temps préhistoriques.

«Comment nous débarrasser de cet animal?» se demandait le maître.

«Il faudrait lui donner à manger», suggérait Paulo. «Qu'est-ce qu'il mange?»

«De l'herbe et des feuillages!» répondait Sébastien.

«Il n'y en a pas dans la classe», objectait Arnaud. «Il faudrait l'emmener dans les champs!»

«Sous ton bras?» se moquait Samuel. «Ou en laisse...»

«... comme un caniche?» achevait son jumeau Thomas.

L'animal trouva seul la solution du problème de la nourriture. Il allongea son cou énorme vers la fenêtre, et sa tête la fit éclater car il n'avait pas vu le verre. Les enfants crièrent. Mais le dinosaure ne leur voulait pas de mal. Il passa sa tête par la fenêtre, tendit le cou au-dehors, et dévora le feuillage des arbres de la cour de l'école. La classe soupira, soulagée.

«Tout de même», fit remarquer Youssef, «s'il mange, il va encore grandir!»

C'était bien raisonné. L'animal mangeait, mangeait, mangeait: c'est fou ce qu'un dinosaure peut ingurgiter! Le premier arbre était déjà tondu! Et le monstre grandissait, grossissait! Sa queue perfora le mur de l'école et pendit dans le vide. Son dos creva le toit et projeta les tuiles dans la cour.

«Pas de panique! Pas de panique!» criait le maître aux enfants.

(Mais il était aussi paniqué qu'eux, car personne ne pouvait sortir, puisqu'ils étaient tous coincés près de la fenêtre.)

«Anne! Anne!» suppliaient Emmanuelle et Marie-Anne. «Remets le temps à sa place! S'il te plaît!»

«Non! Non! Et non!»

Le directeur de l'école avait grimpé l'escalier. Il venait de téléphoner à la police qui ne savait pas quoi faire, aux pompiers qui ne savaient pas quoi entreprendre, à l'armée qui ne savait même pas de quoi il s'agissait. Il courait maintenant dans le couloir. Un général, des colonels et je ne sais combien de commandants l'accompagnaient.

Le directeur appela: «Monsieur Lebois!»

«Nous sommes là!» répondit le maître. «Bloqués derrière le dinosaure!»

Ils pouvaient se voir entre les pattes de l'animal géant.

«Nous allons vous tirer de là!» promit le général, approuvé par les colonels et les commandants.

Tous redescendirent dans la cour. Un représentant du ministère venait d'arriver, ainsi que la télévision. De la rue Marcel-Aymé, on voyait la tête du dinosaure dévorer les feuillages des arbres; le dos de la bête fantastique dépassait du toit éventré, et la longue queue s'agitait dans le vide. Elle pendait du deuxième étage presque jusqu'au sol.

Alors on se mit à palabrer.

Dans la classe, pendant ce temps-là, les enfants s'étaient enhardis. Geoffrey caressait le cou du dinosaure qui se laissait faire d'un air bonasse. Jérémie, Samuel et Thomas s'approchèrent: ils caressaient le museau énorme de l'incroyable bête.

«Il aime bien se faire caresser!» disait Geoffrey.

«Tout le monde aime mieux ça que recevoir des claques!» disait Jérémie.

«On devrait...» commença Thomas.

«... lui donner un nom!» termina Samuel, son jumeau.

Les élèves se mirent à parler à leur tour. Ils choisirent d'appeler le dinosaure « Ignace », allez donc savoir pourquoi. Ignace semblait content de son nom ; il secouait doucement la tête, on aurait juré qu'il comprenait.

« Il est apprivoisé ! » disait Youssef.

« Qu'est-ce qu'on va faire de lui ? » demanda Paulo.

« Le mettre au zoo », supposa le maître.

Une voix forte l'interrompit. Elle venait de la cour. C'était la voix du général amplifiée par un haut-parleur : « Tenez-vous prêts ! Nous allons faire descendre les enfants au moyen d'une grue ! »

Une haute grue sur roues était en effet entrée dans la cour. Elle dressait sa flèche vers le ciel, et au bout de cette flèche, une cabine était suspendue à des câbles. Deux soldats se tenaient dedans. La cabine fut amenée au bord de la fenêtre de la classe.

« Montez dans la cabine ! » ordonna la voix dans le haut-parleur.

Le maître y fit monter quelques élèves. La cabine – qui ressemblait à un ascenseur – fut refermée par les deux soldats. Les enfants n'étaient pas contents de quitter Ignace et la classe. Ils agitaient la main pour dire au revoir à la grosse bête verdâtre, qui les regardait sans expression.

La cabine déposa au sol son premier chargement d'enfants, et revint sur l'appui de la fenêtre. Un second groupe y entra. « Pas de panique ! »

disait le maître d'école. Les enfants qui restaient encore avec lui caressaient le dinosaure: ils lui disaient des mots aimables. Anne elle-même avait fini par se lever.

«Comment feront-ils descendre Ignace?» demanda-t-elle.

«Avec des grues», supposa le maître.

«Ou avec des hélicoptères!» imagina Geoffrey.

«Il est trop lourd!» objecta Emmanuelle.

La cabine revint pour le dernier voyage. Les enfants évacués pensaient avec tristesse qu'Ignace allait rester seul dans la classe. Le maître, qui devait partir avec eux, demanda aux deux militaires comment on ferait descendre l'animal. Les deux militaires l'ignoraient.

«Avec des grues?» demanda David.

«Il est trop lourd!»

«Avec des hélicoptères?» redemanda Geoffrey.

«Impossible!»

«Alors comment?» demandaient les écoliers. «Il ne peut pas rester là! Qu'est-ce qu'il mangera?»

Il avait déjà dévoré tous les arbres à sa portée.

La cabine fut enlevée par la grue avec son chargement d'enfants. Ignace la regardait, il allongeait le cou pour la suivre, comme s'il refusait de quitter ses nouveaux amis.

«On croirait qu'il va nous parler!» dit tristement David.

Anne était dans un coin de la cabine. Elle pinçait les lèvres. La cabine toucha le sol, et le groupe en descendit. On l'emmena à l'écart avec tous les autres enfants. Ce furent eux qui lui apprirent la nouvelle :

« Les soldats vont abattre Ignace ! »

« Quoi ???!! »

Ça devait être vrai car on voyait Monsieur Lebois expliquer en faisant de grands gestes qu'Ignace n'était pas dangereux, qu'il se laissait caresser. Le général disait à son tour qu'il n'existait pas de grue susceptible de soulever le gros dinosaure, et que le seul moyen de le faire descendre était de démolir l'école.

« Démolissez-la ! » s'écriait le maître d'école. « Mais sauvez Ignace ! »

« Si nous détruisons l'école », argumentait le général, « il faudra également détruire les maisons des rues qui mènent au zoo, car le dinosaure n'y passera pas ! »

Cette fois, le maître ne discuta plus.

« Et », poursuivit le général, « une fois le monstre au zoo, nous serons incapables de le nourrir ! »

C'était la vérité.

« C'est pourquoi nous allons l'abattre ! Croyez que nous le regrettons autant que vous ! » conclut le général.

Le maître se tut. La tête et le cou d'Ignace pendaient par la fenêtre, comme si l'animal cherchait à connaître son sort. (En réalité, il devait rechercher des feuillages – mais il n'y en avait plus.) Des militaires arrivaient, c'étaient des tireurs d'élite armés de carabines. On emmena les enfants à l'écart.

« Pourquoi ? » demandaient-ils. « Qu'est-ce qu'ils veulent faire ? »

« Ils vont abattre Ignace », expliqua le maître avec tristesse. « Et ce n'est pas un spectacle pour vous... »

Les soldats épaulèrent leurs armes. Ils visaient les yeux du dinosaure qui ne se doutait de rien et les regardait faire. Ils attendaient le signal du général.

Alors Anne poussa un grand cri en tapant du pied par terre : « Non ! Non ! Et non ! Par ma queue en tire-bouchon, je veux vieillir ! »

Et voilà que les élèves et le maître se retrouvèrent tous dans la classe ! Des brumes montaient du carrelage et enveloppaient le gros Ignace...

« Asseyez-vous, vite ! » dit le maître car chacun sentait qu'il allait se passer des événements graves.

Anne se concentrait. Elle tapait des pieds, elle murmurait ses incantations incompréhensibles. Les aiguilles de l'horloge murale s'étaient remises à tourner de plus en plus vite, cette fois dans le bon sens. Et le gros Ignace rétrécit !

« Il redevient bébé ! » s'écria le maître.

Entre les brouillards on le voyait retrouver les dimensions qui étaient les siennes lors de son apparition, et il continuait de diminuer. Il fut bientôt à peine plus volumineux qu'un éléphant, puis il fut de la taille d'un buffle, puis d'une vache, puis d'une chèvre, puis il ne fut pas plus long qu'un épagneul.

Quand il fut de la taille d'un rat, le maître cria: «Cramponnez-vous! Gare à la secousse!»

Le bâtiment trembla!

A la place d'Ignace, il y avait un œuf, et l'œuf disparut.

Les aiguilles de l'horloge tourbillonnaient. On apercevait des silhouettes inhabituelles passer dans les vapeurs: celle d'un homme des cavernes, celle d'un Gaulois, celle d'un chevalier du Moyen Age, celle d'un courtisan de Louis XIV, celle d'un grognard de Napoléon, celle d'un poilu de la guerre 14-18, celle d'un cosmonaute. Les aiguilles ralentissaient en sifflant; tout le monde fut de nouveau secoué par un arrêt brutal. La fumée se dissipa. Les murs et le plafond de la classe étaient intacts. On entendait le tic-tac familier de l'horloge murale, il était 9 h 25 et le maître parlait de ce qui attendait les écoliers l'année prochaine:

«Vous ferez des dictées et des rédactions plus longues, vous résoudrez des problèmes plus compliqués, mais ils ne seront pas plus difficiles pour vous que ceux que vous savez résoudre à présent, parce que vous aurez vieilli...»

Anne souriait. Les élèves regardaient autour d'eux d'un air surpris. Le directeur entra dans la classe faire signer des papiers au maître. Personne ne parlait d'Ignace, comme s'il ne s'était rien passé. Tout avait eu lieu dans un autre temps. Et le temps avait retrouvé sa vraie place, tic-tac-tic-tac, il trottait son bonhomme de chemin, et il fallait bien l'accepter...

Les filles qui parlaient
aux statues

C'était par un beau soir de juin. Emmanuelle et Marie-Anne se racontaient des histoires au pied d'une statue, qui fit entendre un gros soupir :

« Ce que je suis fatiguée ! »

Les fillettes levèrent la tête, elles étaient surprises.

« Et alors ? » dit la statue. « Ça vous étonne ? Depuis le temps que je suis ici ! »

« Ça nous étonne de vous entendre parler », dit Emmanuelle.

« D'habitude on n'entend pas les statues », confirma Marie-Anne.

« Je ne savais pas », avoua la statue.

C'était un grand soldat de bronze de la guerre 14-18, avec un long fusil à baïonnette dans la main droite. Son bras gauche était tendu en avant pour indiquer la direction de l'attaque.

« C'est surtout le bras gauche qui se fatigue », expliqua le soldat. « A force d'être tendu. Mais le droit se fatigue aussi parce que le fusil n'est pas léger. »

« Abaissez le bras gauche », suggéra Emmanuelle.

« Et déposez votre fusil », compléta Marie-Anne.

« C'est une bonne idée ! » dit le soldat. « Je n'y avais pas pensé. Vous êtes très intelligentes ! »

Les filles étaient flattées. La statue posa son fusil et abaissa le bras :

« Ça va mieux ! » dit-elle. « Mais ce qui me plairait, ce serait de faire une promenade. Hélas ! Depuis le temps que je suis ici, le quartier a tellement changé que je m'y perdrais!»

«Vous voulez qu'on vous accompagne?» proposèrent les filles.

La statue était folle de joie. Elle descendit à terre si pesamment que ses pieds firent un grand trou dans la pelouse.

«Vous êtes des filles vraiment intelligentes!» disait la statue. «De mon temps, les filles n'étaient pas aussi délurées!»

«C'est parce que le monde a changé», dit Marie-Anne.

Les fillettes offrirent leurs mains au soldat de bronze, qui ne les prit pas:

«Je suis trop fort», dit-il. «Je vous ferais mal.»

«Où souhaitez-vous aller?» demandèrent les enfants.

«Au Jardin des Plantes ou au bord de la Seine. Le bord de la Seine doit être magnifique en cette belle saison!»

Les fillettes emmenèrent le soldat vers la Seine. La statue marchait raidement, et quand ses pieds se posaient sur les trottoirs, on entendait BOUM-BOUM-BOUM-BOUM.

Ils arrivèrent au bord de l'eau. Le soldat prit une profonde inspiration:

«C'est beau!» s'extasiait-il. «Mais comme tout a changé!»

Il regardait les routes modernes, les grues qui déchargeaient les péniches, les silos à sable et à gravier pour les centrales à béton, les énormes citernes à mazout.

« Ah ! Je reconnais Notre-Dame là-bas ! Elle est bien élégante ! Et je vois la tour Eiffel ! Comme je suis heureux d'être venu ! – Et si on se baignait ? »

Les filles le retinrent : « Non ! Non ! Vous allez couler ! Vous allez rouiller ! »

« C'est vrai », murmura la statue. « Vous êtes des filles intelligentes ! »

Ils rentrèrent. Il faisait un temps agréable. La statue remonta sur son socle, les filles lui rendirent son fusil. Le soldat reprit la pose :

« Vous reviendrez me voir ? » demanda-t-il.

« Oui. »

« Oui. »

Les filles revinrent très souvent. Elles emmenaient le soldat où il désirait. (Sauf dans les bistrots et autres lieux de perdition – sur ce point, elles furent intraitables et il n'osa pas insister.)

Un soir, il déclara : « Les filles, j'ai envie de faire le tour du monde. Qu'est-ce que vous en pensez ? »

« C'est loin ! » dit Emmanuelle.

« C'est dangereux ! » dit Marie-Anne.

« Comment franchirez-vous les mers ? » dit Emmanuelle.

« Je me cacherai avec les bagages et je prendrai le bateau », dit le soldat.

Impossible de le raisonner. Il partit :

« Je vous laisse mon fusil, je n'en aurai plus besoin. »

Il s'éloigna raidement, BOUM-BOUM-BOUM-BOUM.

Les fillettes étaient un peu tristes.

«Si ça se trouve», dit Marie-Anne, «toutes les statues s'ennuient.»

«On devrait leur demander», dit Emmanuelle.

Elles se postèrent face à la statue de pierre d'une belle jeune nymphe à moitié nue qui portait une lourde cruche. Elles la dévisagèrent.

«Et alors?» dit la statue, gênée. «Qu'est-ce que vous avez à me regarder comme ça. Je ne suis pas un train.»

«On se demandait si vous n'étiez pas fatiguée, Madame», dit poliment Emmanuelle.

«Et si vous n'aimeriez pas aller en promenade», compléta Marie-Anne.

Alors la statue changea de ton. Elle fit un grand sourire de pierre:

«J'aimerais bien! Mais je me perdrais!»

«Nous vous guiderons.»

«Vous feriez cela?»

«Oui.»

Et c'est ainsi que la belle dame à moitié nue se promena rue Mouffetard, place de la Contrescarpe et rue Marcel-Aymé un de ces soirs. Elle était heureuse. Elle voulait visiter les jardins de la capitale. Et les filles la promenaient partout, elles s'arrêtaient aux pieds des statues qu'elles rencontraient et elles bavardaient, et toutes les statues voulaient être promenées comme la nymphe.

Les fillettes les promenèrent aussi.

Un soir, il plut à verse. Les fillettes, le nez collé à la fenêtre, ne pouvaient pas sortir. Dehors, les statues attendaient car, vous ne l'ignorez pas, la pluie n'a jamais empêché les statues de prendre l'air. Elles s'impatientaient. Mais elles attendaient fort sagement.

Le lendemain hélas, la pluie redoubla ! Alors les statues n'attendirent plus : elles partirent en promenade toutes seules ! Et ce fut un beau désordre ! Les statues se perdaient, ne rencontraient pas âme qui vive pour les renseigner par ce mauvais temps ! Elles ne retrouvaient plus leurs socles et remontaient sur ceux qu'elles trouvaient ! Jeanne d'Arc se retrouva sur le socle de Danton, et Victor Hugo sur celui de Madame du Barry ! Les touristes ne savaient même plus ce qu'ils photographiaient !

Tout cela contrariait beaucoup la vieille dame aux pigeons :

« C'est un scandale ! » s'écriait-elle. « Les pigeons ne savent plus où se poser ! »

« Les pigeons salissent les statues ! » ripostait Marie-Anne.

« Les pigeons sont des cochons ! » enchérissait Emmanuelle.

« Des cochons ! Oh ! Oh ! »

La vieille dame aux pigeons étouffait de colère :

« C'est faux ! » s'écriait-elle. « Les pigeons ne sont pas des cochons parce que les pigeons ont des ailes et pas les cochons ! Parce que les pigeons roucoulent au lieu de grogner ! Parce qu'ils n'ont pas la queue en tire-bouchon et parce qu'on ne fait pas de jambon avec des pigeons ! Ah ! »

Elle était vexée.

Un jour, on frappa très fort au portail de fer de l'école : BANG-BANG. C'était le soldat de bronze qui rentrait de voyage. Il était bronzé – c'est la moindre des choses pour un soldat de bronze. Il frappait au portail : BANG-BANG. (Il frappait si fort qu'il le fit sauter hors de ses gonds.)

La gardienne accourut.

« Je viens voir mes amies si intelligentes ! » lui dit le soldat de bronze. « J'ai des tas d'histoires à leur raconter ! »

La gardienne n'osa pas lui barrer le passage. Le soldat se mit en marche et monta les escaliers de pierre. On entendait ses pas résonner dans toute l'école : BOUM-BOUM-BOUM-BOUM. Il entra dans la classe. Les fillettes le reconnurent tout de suite :

« C'est notre ami ! » dirent-elles aux camarades et au maître. « Il a fait le tour du monde ! »

« Très bien », dit le maître. « Bonjour Monsieur… » Il tendit la main.

« Non ! » s'écria Marie-Anne.

Trop tard ! Sans y penser, par pure politesse, la statue venait de prendre la main du maître.

« Aïe ! » cria le maître. « Aïe ! Aïe ! Aïe ! Aïe ! »

La statue lui lâcha la main et se confondit en excuses : « Pardonnez-moi ! Je n'y pensais pas ! Est-ce que je vous ai fait mal? »

Tu parles ! Le maître avait si mal qu'il dansait le rock and roll d'Auvergne, qui consiste à lever les jambes en agitant les bras la bouche ouverte.

Le soldat s'excusait encore : « Je n'y pensais pas. Pardonnez-moi… »

Il refusa la chaise qu'on lui offrait parce qu'il craignait de la défoncer.

« J'ai fait le tour du monde ! » disait-il avec enthousiasme. « J'ai vu des statues à ma ressemblance dans tous les pays ! Quand je ne savais pas où aller, je dormais avec elles sur leurs socles ! »

« Justement, heu… » fit Emmanuelle avec embarras. « Votre socle. Heu… Eh bien… Pendant votre absence, les statues de Paris ont joué aux quatre coins. Heu… Elles se sont déplacées partout et, heu… votre socle est maintenant occupé. »

« Ah », fit le soldat de bronze d'un air contrarié.

Puis il fit le geste de chasser les mouches, à la guerre comme à la guerre :

« On s'arrangera ! » décida-t-il.

Et voilà pourquoi l'on peut admirer le soldat assis désormais sur les épaules d'Hercule, qui avait occupé son socle. Il n'a pas retrouvé son fusil, et il croise les bras pour ne plus se fatiguer.

Hercule, lui, ne se plaint pas : il est si fort ! « Un fantassin », dit-il en riant, « ça pèse moins lourd qu'un cavalier ! » – Surtout sans le cheval.

Le cube fantastique

Eric donna le cube au petit frère. Ce n'était pas un cube ordinaire: métallique, il avait de beaux reflets rouges.

«C'est un cube magique», dit Eric.

«Où l'as-tu trouvé?» demanda le petit frère.

Eric ne voulait pas lui répondre qu'il l'avait ramassé dans le caniveau de la rue Marcel-Aymé. Il posa un doigt sur sa bouche d'un air mystérieux et dit: «Chut!»

Le petit frère caressait le cube. Et plus il le caressait, plus le cube rougeoyait. Forcément, il était magique. Peut-être exauçait-il les souhaits?

«Je voudrais une petite voiture!» demanda le petit frère.

Rien ne se produisit. Le cube rougeoyait, voilà tout. Le petit frère vint en soupirant dans la cuisine où la mère préparait le souper. Justement, le père arrivait de son travail, l'air joyeux:

«Regarde ce que je t'apporte!»

C'était une voiture miniature, toute neuve. Le père l'avait trouvée sur le trottoir. Le petit n'osait pas la prendre. Pour lui, c'était plus qu'une petite voiture: c'était la preuve de la magie du cube!

Après souper, il ne réclama pas l'autorisation de regarder la télévision. Il avait hâte de regagner sa chambre. Il parlait au cube dans son lit: «Je voudrais un petit soldat.»

Il s'endormit, sûr désormais de trouver un petit soldat d'une manière ou de l'autre au réveil. Ce fut sa mère qui le lui apporta. En fait, il y avait DEUX petits soldats identiques. La mère les avait trouvés dans l'escalier de l'immeuble; elle croyait qu'ils appartenaient à l'enfant.

«Range tes jouets un peu mieux!» lui recommanda-t-elle en les déposant sur la table.

Le petit était fasciné. Les soldats ressemblaient à des robots d'une armée inconnue. Ils étaient moulés dans le même métal que le cube.

«Dépêche-toi de manger!» lui dit Eric. «Ou nous serons en retard!»

C'était lui qui l'accompagnait à la maternelle. Le petit frère se mit à croquer sa tartine; il tenait son cube à la main. Soudain, Eric regarda l'enfant d'un air soucieux:

«Mais?» dit-il. «Est-ce que tu es malade?»

«Non», répondit le petit frère.

«Tes yeux sont rouges», observa Eric vaguement inquiet.

«Non», dit le petit frère.

Ils partirent. Le petit donnait la main au grand, et dans l'autre main, il cramponnait son cube fantastique.

«Tu sais», dit le petit frère en marchant, «c'est vrai que c'est un cube magique. Il m'a apporté une voiture et deux petits soldats. Même que je n'en avais demandé qu'un.»

Eric lui sourit avec indulgence.

«C'est la vérité!» insista le petit. «Mon cube fait ce que je lui demande!»

Au même moment, des garnements passèrent à

bicyclette. L'un d'eux s'amusa à frôler les deux frères en poussant un cri pour les effrayer.

«Tu ne peux pas faire attention!» protesta Eric.

«Je voudrais qu'il tombe!» dit le petit frère en colère.

Le cycliste tomba aussitôt. Mais deux autres cyclistes tombèrent par-dessus: TROIS en tout. Le petit frère était satisfait.

«Tu vois bien que c'est un cube magique!»

«Ne dis pas de sottises», dit Eric en haussant les épaules.

Il dévisagea le petit frère: ses yeux étaient devenus rouges et luisants. Eric eut peur tout à coup:

«Tu es malade! Veux-tu revenir à la maison?»

«Non!» dit le petit d'un air buté.

«Cesse de tripoter ce cube!» s'écria Eric. «Prête-le-moi, je te le rendrai ce soir!»

Le petit fit un bond en arrière:

«Ne touche pas à mon cube!»

Il avait soudain l'air méchant. Ses yeux rougeoyaient comme le cube. Eric n'insista pas:

«C'est un cube ordinaire», dit-il. «Je l'ai trouvé dans le caniveau près de mon école!»

«Il est magique!» protesta le petit avec âpreté. «Tu veux que je te montre ce qu'il sait faire?»

«D'accord», dit Eric pour ne pas le contrarier. «Mais fais vite.»

Ils arrivaient place de la Contrescarpe où poussaient de beaux arbres.

«Regarde l'arbre!» dit le petit frère en s'immobilisant. «Tu veux que je le fasse tomber?»

«J'aimerais voir ça!» ricana Eric.

C'était un acacia. Le petit frère regarda son cube en disant: «Je veux que tu fasses tomber l'arbre!»

Un long craquement bruyant se fit entendre. L'arbre vacilla et s'écroula. Une voiture l'évita de justesse. Mais elle ne put éviter l'arbre suivant, car en fait, QUATRE arbres tombèrent. Un camion fit une embardée et finit sa course dans la devanture d'un café. Des enfants qui se rendaient à l'école couraient en tous sens; ils s'attroupèrent enfin autour des quatre arbres abattus. Le petit frère d'Eric triomphait. Ses yeux lançaient des éclairs rouges. Eric était resté planté debout. Il réfléchissait. D'abord UNE voiture, puis DEUX soldats, puis TROIS cyclistes, et maintenant QUATRE arbres! Le cube exauçait les souhaits du petit frère en opérant une progression mathématiquement inquiétante! Et le petit frère avait de plus en plus l'air méchant! Eric fit un pas dans sa direction.

«Reste où tu es!» cria le petit d'une voix aiguë. «Je sais ce que tu veux faire! Tu veux me prendre mon cube!»

«Mais non», dit Eric doucement.

«Reste où tu es ou bien je fais tomber les maisons!»

Deux copains d'Eric, les jumeaux Samuel et Thomas, s'étaient approchés:

«Qu'est-ce...» commença Samuel.

«… qui se passe?» termina Thomas.

Eric s'efforçait d'apaiser son petit frère:

«C'est ce cube», dit-il. «Il est dangereux. On ne sait pas d'où il vient.»

Le petit dévisageait les trois grands avec méfiance.

«Il a les yeux…» commença Samuel.

«… rouges!» termina Thomas.

«Oui», admit Eric. «Mais moins que tout à l'heure.»

«Pourquoi qu'il…» commença Thomas (oh là là le français!).

«… ne veut pas prêter son cube?» termina Samuel.

«C'est un cube magique!» protesta le petit.

«Ecoute», lui dit Eric. «Je ne veux pas te prendre ton cube. J'aimerais seulement que tu me promettes de ne plus rien souhaiter aujourd'hui. Tu veux bien?»

«Pourquoi?» demanda le petit avec méfiance.

«Parce que», expliqua Eric patiemment, «si tu demandes une chose maintenant, le cube t'en donnera CINQ, puis SIX, puis SEPT, et ainsi de suite… Tu comprends?»

Le petit frère ne comprenait pas. Les jumeaux non plus.

«Pourquoi?» demandèrent-ils en même temps.

Eric ne répondit pas. Il expliqua pour la seconde fois au petit frère, il comptait en montrant ses doigts pour être clair:

«Je ne veux pas te prendre ton cube. Mais rappelle-toi ! UNE petite auto, DEUX soldats, TROIS cyclistes, QUATRE arbres ! Maintenant, si tu demandes une chose, tu en recevras CINQ ! Essaie ! Demande une bille, par exemple... »

Le petit frère hésitait. Il redoutait une ruse.

« Essaie donc ! » lui dirent les jumeaux sans savoir de quoi on parlait.

Le petit se décida :

« Je veux une bille ! » dit-il.

Il en trouva CINQ à ses pieds. Il était étonné, les jumeaux aussi, qui se retournèrent pour appeler plusieurs camarades. Tous lorgnaient les billes métalliques : elles avaient de beaux reflets rouges, comme le cube.

« Tu vois que j'avais raison », dit Eric à son petit frère.

Le petit se baissa pour ramasser les billes.

Alors Eric bondit sans crier gare et frappa la main de son petit frère ! L'enfant lâcha le cube en poussant un cri de rage. Ses yeux étaient rouges comme le feu. Il plongea en avant pour ramasser son cube mais Eric l'avait devancé. D'un coup de pied, il avait expédié le cube hors de portée du petit. Il courut en prendre possession...

« Je veux mon cube ! Mon cube ! » hurlait le petit frère lancé à sa poursuite.

Toute la bande courut après le cube fantastique. Youssef, le plus rapide de tous, y arriva le premier, se baissa pour s'en emparer, mais il fut forcé de le relâcher car il s'était brûlé les doigts.

« Bien fait ! Bien fait ! » hurlait le petit frère.

La bande chassa le cube devant elle à coups de pied. Les jumeaux retenaient le petit frère, qui criait, se débattait, gesticulait. Ses yeux étaient rouges et brillants. Là-bas, Eric venait de donner au cube un coup de pied magistral : le cube roula dans le caniveau, heurta la bordure du trottoir, et tomba dans une bouche d'égout...

« Attention ! »

La bande recula. Une épaisse fumée rouge s'échappait de la bouche d'égout. Elle montait vers le ciel en volutes tourbillonnantes. Les enfants s'enfuirent en criant. La fumée de plus en plus abondante s'élevait au-dessus des maisons...

« Regardez ! Regardez ! »

Les enfants regardaient tous en l'air : la fumée tournoyante avait pris la forme d'un gigantesque personnage rouge et menaçant qui semblait se pencher vers eux.

« Un génie ! » s'écria Thomas.

« Il grandit encore ! » s'écria Samuel.

« Il va se dissiper dans les nuages ! » espérait Eric.

Le génie vaporeux grandissait, grandissait encore au-dessus de la rue Marcel-Aymé. Il y eut soudain un coup de vent terrible, qui jeta les enfants contre les murs. En même temps, les feuilles des arbres de l'école, arrachées d'un seul coup, montaient en tourbillonnant vers le ciel.

La bourrasque cessa, elle n'avait pas duré

trois secondes. Les enfants se relevèrent, ils regardaient le ciel.

Le génie avait disparu. Les feuilles des arbres retombaient en pluie doucement. C'était terminé. Eric rejoignit son petit frère: le petit avait perdu toute apparence de méchanceté. Eric l'embrassa.

«Qu'est-ce qu'on fait ici?» demanda le petit. «Ce n'est pas mon école!»

Il ne se souvenait de rien. Ses yeux étaient redevenus deux jolis yeux de petit garçon, comme avant. Les copains d'Eric l'entouraient avec étonnement:

«Tu n'as pas vu le grand génie rouge?»

«Quel génie?»

Il ne se souvenait de rien. Eric fit signe à ses camarades de ne pas insister. Au fond, tout était mieux ainsi. Il prit son petit frère par la main, et le conduisit à la maternelle. Ils y arrivèrent en retard, mais le petit frère souriait aussi gentiment que d'habitude. Et c'était bien ça le principal!

L'enfant qui écrivait des histoires

«Eléonoore ! Eléonoore !»

«Quelqu'un t'appelle», dit le maître à la fillette.

Comme la voix venait du dehors, il alla regarder par la fenêtre. Il parut soudain si surpris que plusieurs élèves se dressèrent debout pour tâcher de voir ce qu'il voyait : «C'est un homme sur les toits d'en face !» dit Alexandre.

«Il est habillé tout en noir !» compléta Geoffrey.

Les enfants voulaient le voir. Ils montaient sur les chaises et les tables... sauf Eléonore que l'homme appelait.

«Eléonoore ! Eléonoore !»

«C'est son amoureux !» ricana Sébastien pour faire rire la classe.

Eléonore haussa les épaules. Le maître regardait l'homme en noir qui était assis sur la plus haute cheminée d'un toit en face de l'école.

«Qui est-ce?» demanda-t-il.

«Je ne le connais pas», répondit Eléonore.

«Mais il te connaît !»

La fillette semblait embarrassée. Elle ne répondait pas, malgré les coups de coude de sa voisine pour la décider à parler.

«Regardez !» s'écria Eric.

Des agents de police arrivaient en courant dans la rue, ils s'engouffraient dans les couloirs et les escaliers des maisons. En même temps, on entendait une sirène annoncer l'approche d'une auto de pompiers.

«Ils ont repéré l'homme», dit le maître. «Ils vont le faire descendre.»

«Forcément», dit Marie. «C'est un voleur de bijoux.»

«Comment sais-tu cela?» lui dit le maître.

«Parce que...» dit Marie.

«Eléonoore! Eléonoore!» appelait l'inconnu.

«Il ressemble à un...» commença Thomas.

«... corbeau sur une branche!» termina Samuel son jumeau.

«Mais il n'a pas de fromage dans le bec!» dit Stéphane. Les garçons riaient. Pas les filles. Elles entouraient Eléonore et faisaient des signes mystérieux aux garçons pour les faire taire. Mais ceux-ci ne les comprenaient pas, et ils continuaient de ricaner:

«Il va peut-être s'envoler!» disait Paulo.

«Croââ! Croââ!» croassait Jérémie en battant des bras.

Les filles haussaient les épaules. Tous les habitants du quartier étaient aux fenêtres. Un gros camion rouge était arrivé dans la rue étroite, les pompiers déployaient la grande échelle, empêchant un camion livreur de passer. Deux pompiers y grimpèrent.

«Eléonoore! Eléonoore!» appelait l'inconnu.

Le maître ouvrit la fenêtre; comme la classe était au deuxième étage, elle était à peu près à hauteur des toits opposés. L'homme en noir tendait les bras d'un air suppliant:

«Eléonoore! Aide-moi! Que dois-je faire?»

«On dirait...» ricana Samuel.

«... un bébé qui appelle sa mère...» termina Thomas.

«Forcément!» dit Marie.

«C'est Eléonore qui l'a inventé!» dit Emmanuelle.

«Inventé?» fit le maître. «Qu'est-ce qu'elle a inventé?»

«L'Acrobate!» répondit Marie. «C'est Eléonore qui l'a inventé.»

«C'est elle qui a écrit son histoire!» ajouta Emmanuelle.

Sur les toits des maisons, des agents de police émergeaient des lucarnes. Ils appelaient l'inconnu en se déplaçant prudemment vers lui.

«Ils ne l'attraperont pas!» dit Marie.

«Qu'est-ce que tu en sais?» riposta Youssef.

«J'en sais ce que j'en sais!» dit Marie avec de grands airs mystérieux qu'approuvèrent les filles.

Les pompiers accédaient au sommet de l'échelle; ils allaient passer sur le toit à leur tour.

«Eléonoore! Eléonoore!» appelait l'inconnu sur sa cheminée comme un marin naufragé sur un écueil. Dis-moi ce que je dois faire!»

Eléonore ne répondait pas. Elle restait assise à sa table. Alors l'homme sauta de la cheminée sur le toit, se laissa glisser jusqu'au bas de la pente, et se suspendit dans le vide à la gouttière! Il était incroyablement souple. Il se balançait. Les agents de police essayaient de le raisonner et lui tendaient les mains; l'homme ne les écoutait pas. La foule des témoins frissonnait d'effroi à le voir faire...

« Il est *vachement* fort ! » murmura Jérémie avec admiration.

« Forcément, c'est un acrobate », chuchota Marie.

« Comment sais-tu cela? » demanda le maître.

« Parce que... » dit Marie.

Mais elle se tut, car c'était le secret d'Eléonore.

« Regardez ! »

L'homme venait de croiser ses jambes sur la gouttière verticale, et il descendait le long du mur. Dans la rue, des pompiers et des agents de police l'attendaient. Mais l'homme sauta sur le toit du camion livreur immobilisé, et, le temps que ses poursuivants aient contourné le camion, il avait bondi sur le mur de l'école. Il regardait vers les fenêtres de la classe:

« Eléonoore ! Aide-moi ! »

La gardienne essayait de le déloger du mur avec son balai. Le directeur de l'école était sorti de son bureau pour le raisonner:

« Ici, c'est une école ! Vous n'avez pas le droit d'entrer ! »

Cause toujours ! L'Acrobate monta sur le toit des cabinets, et de là se laissa tomber dans la cour. Avant que le directeur ait pu le prendre en chasse, il avait agrippé la gouttière de l'école et grimpait déjà vers la classe. Le maître se pencha par la fenêtre et le vit escalader le mur comme une araignée. Il vint se planter devant Eléonore:

«Dis-moi qui est cet homme!» demanda-t-il.

«C'est...» dit Eléonore avec hésitation «... un personnage... d'une histoire... que j'ai écrite... dans mon cahier...»

Elle montrait son cahier de brouillon. Le maître l'ouvrit. La fillette avait écrit le commencement des aventures d'un voleur de bijoux acrobate. Elle n'avait pas eu le temps de finir le conte. Sa dernière phrase disait: *L'Acrobate était cerné par la police et...*

«Mais?» dit le maître en dévisageant la fillette.

«Je ne sais pas comment continuer!» dit Eléonore.

Du coup, les garçons s'étaient tus. La classe savait, bien entendu, qu'Eléonore adorait écrire des histoires: elle en avait plein ses cahiers. Mais personne n'aurait imaginé qu'un de ses personnages allait vivre et venir à l'école.

«Il faudrait l'aider», suggéra Audrey.

«Il faudrait écrire la fin de l'histoire», dit David.

«Tu n'as qu'à faire passer un hélicoptère dans le ciel...» proposa Thomas à Eléonore.

«... et il s'enfuira en s'accrochant à une échelle de corde!» termina Samuel...

Ils ne manquaient pas d'imagination!

Mais, pendant qu'ils parlaient, l'Acrobate avait accédé à la corniche du deuxième étage de l'école;

il s'y déplaçait en se cramponnant aux briques du mur. En le voyant apparaître, les enfants poussèrent un cri comme s'il s'était agi du grand méchant loup. L'homme en noir écrasait son nez sur la vitre de la première fenêtre, qui était demeurée fermée.

Il appelait, pitoyable: «Eléonoore!»

Au même moment, on entendit des bruits de pas précipités dans le couloir. C'étaient des pompiers et des agents de police qui avaient grimpé les escaliers quatre à quatre et qui arrivaient en courant.

«Ils vont le capturer!» dit Youssef.

A peine avait-il dit ces mots que l'Acrobate entra dans la classe par la fenêtre ouverte. Il ne faisait pas plus de bruit en marchant qu'un chat de gouttière, les enfants avaient un peu peur. Le maître fit un pas en avant:

«Monsieur...» dit-il.

L'Acrobate alla droit à la table d'Eléonore; de ses poches, il tira deux poignées de bijoux et les déposa sur la table:

«Aide-moi, Eléonore! Dis-moi ce que je dois faire!»

«Vous perturbez la classe, Monsieur!» intervint le maître. «Retournez d'où vous venez!»

«D'où je viens?» dit l'homme en noir d'un air intrigué. Et il répéta, plus bas: «D'où je viens?»

On entendait venir la bande de pompiers et d'agents de police dans le couloir. Ils ouvraient des portes en appelant. L'Acrobate jeta un regard traqué derrière lui. Ses poursuivants allaient entrer d'un instant à l'autre...

«D'où je viens?» murmura-t-il encore d'un air perplexe.

Soudain, un éclair brilla dans ses yeux:

«Mais oui! J'y retourne!»

Les poursuivants entrèrent! A la même seconde, l'Acrobate sauta sur la table d'Eléonore, et il retomba à pieds joints sur le cahier de brouillon...

«Rends-toi!» cria un inspecteur.

... Les pieds de l'Acrobate s'enfoncèrent dans le cahier, puis ses jambes, ses cuisses, ses hanches, sa taille, sa poitrine, ses épaules, sa tête, et ses bras en dernier qui faisaient au revoir. En deux secondes, l'homme en noir s'enfouit dans le cahier. Les enfants et le maître ouvraient la bouche comme pour gober des œufs; ils écarquillaient des yeux comme des balles de ping-pong.

«Arrêtez-le!» criait l'inspecteur de police.

Mais arrêter quoi? Puisqu'il n'y avait plus personne? Seul un tas de bijoux restait sur la table...

«Voilà son butin en tout cas!» s'écria l'inspecteur de police.

Et il regardait sous la table pour voir si l'Acrobate n'y était pas. Il regardait dans le casier. Les agents de police fouillaient les armoires, regardaient sous le bureau du maître. Aucune trace de l'Acrobate! Les pompiers regardaient par la fenêtre, ils faisaient de grands signes négatifs à leurs chefs demeurés dans la rue.

« Bizarre ! » murmuraient-ils en se grattant la tête sous les casques.

« Bizarre ! » murmuraient les agents de police en se grattant la tête sous les képis.

Tous finirent par se retirer. Le maître alla refermer la porte avec un soupir. Il se retourna. Et alors que vit-il ?

Eléonore qui regardait le cahier ! Les filles qui regardaient le cahier ! Les garçons qui regardaient le cahier ! Toute la classe qui regardait le cahier ! Et le cahier qui se gonflait tout seul, qui s'aplatissait, qui se regonflait, qui s'aplatissait, qui se gonflait encore…

« Il… Il… Il est dans le cahier ! » balbutia Eléonore.

« Il… Il respire ! » bredouilla Emmanuelle.

Tout le monde observait le prodige avec anxiété. Anne courut se réfugier derrière l'armoire en appelant sa mère.

« Pas de panique ! » dit le maître.

« Pas de panique ! » répétèrent les garçons qui faisaient les malins. (Mais au fond, ils n'en menaient pas large !)

« Mets le cahier dans ton cartable ! » ordonna le maître à Eléonore.

La fillette n'osait pas toucher son cahier. Ce fut Jérémie, plus courageux, qui le déposa dans le cartable, et qui referma les verrous.

« Maintenant, au travail ! » dit le maître en tapant dans ses mains. « Ecrivez la fin de cette histoire ! »

Mais Eléonore regardait le cartable. Les filles regardaient le cartable. Les garçons regardaient le cartable. Toute la classe regardait le cartable ! Et le cartable enflait, s'aplatissait, enflait, s'aplatissait, enflait...

« Est-ce qu'*il* va ressortir du cartable ? » s'écria Arnaud en claquant des dents.

Anne gémit. Sophie se mit à pleurnicher qu'elle avait envie de faire pipi – elle n'était d'ailleurs pas la seule !

« Pas de panique ! » répéta le maître d'une voix forte. « Ecrivez une fin à cette histoire ! »

Les élèves se mirent à écrire ; ils s'efforçaient d'imaginer un dénouement heureux aux aventures de l'Acrobate, parce qu'ils le jugeaient sympathique, mais ils en avaient plutôt peur. Et comme ils avaient peur, ils manquaient d'imagination. Ils lorgnaient le sac d'Eléonore qui respirait très fort et parfois sautillait sur place comme un gros crapaud de cuir. Et ils écrivaient, ils écrivaient, ils écrivaient pour l'empêcher de sortir... Ils écrivent toujours, ils attendent votre aide.

L'enfant qui flottait sur l'eau

Un soir que Julien prenait son bain, les parents l'entendirent appeler: «Papa! Maman! Venez voir! Je flotte!»

Ils vinrent sans trop se presser. Ils découvrirent leur fils non pas DANS l'eau du bain, mais DESSUS. Il était assis, les bras croisés. Les parents s'immobilisèrent à cette vue:

«Tu vas tomber!» dit la mère.

«On dirait qu'il est assis sur de la glace!» dit le père.

«Il va se geler les fesses et attraper un rhume!» dit la mère.

«Non!» dit Julien. «L'eau n'est pas froide.»

«Est-ce que tu peux tenir debout dessus?» demanda le père.

«Oui!» dit Julien en se redressant tout nu SUR l'eau de la baignoire.

«Cache ton zizi!» dit le père.

Il sortit en riant et laissa son fils tout penaud. La mère le rejoignit dans le salon:

«J'espère que Julien n'est pas *anormal!*»

Elle appela un médecin qui examina l'enfant sérieusement. Il lui fit tirer la langue et dire 33-33. Il lui prit sa température et lui fit lever la jambe gauche. (C'était un médecin de la vieille école, qui d'ailleurs était chauve avec des besicles – le médecin, pas la vieille école.)

«Bien», dit le médecin en décapsulant son stylo. «Ce garçon fait de l'aérophagie diffuse. On va essayer de l'alourdir.» Et il prescrivit: soit un traitement à base de tétramétylbonorgamol thyroïdal, soit le port permanent de bottes plombées de scaphandrier. Il s'en alla. Les parents préférèrent acheter les pilules de tétramachin.

Julien ne voulait pas de ces pilules. Il pensait qu'il avait de la chance de jouir d'un pouvoir si peu ordinaire, et il se sentait en parfaite santé. Il fit donc semblant de prendre ses pilules, mais il les crachait dans le pot de fleurs.

Le lendemain était jour de piscine scolaire. La mère, inquiète pour son fils, écrivit un petit mot d'excuse. Julien faisait la grimace. Il aurait préféré se baigner pour épater la classe.

Il dit au maître nageur: «Je ne peux pas me baigner parce que je flotte SUR l'eau.»

«Et moi», riposta le maître nageur, «je ne saute jamais en parachute parce que je m'envolerais.»

«Je dis la vérité!» protesta Julien. «Je marche SUR l'eau.»

«Et moi dans les nuages.»

«Je dis la vérité! Hier soir, je suis resté assis sur l'eau de ma baignoire!»

Les enfants riaient. Tous étaient en maillot sauf Julien.

«Hé?» fit le maître nageur goguenard. «Si je te prenais par le fond de culotte pour te jeter à l'eau du bassin, est-ce que tu flotterais?»

«Certainement! Je ne me mouillerais pas!»

Le maître nageur fronçait les sourcils, il s'impatientait.

Les enfants criaient: «Essayez! Jetez-le à l'eau!»

«Bon! Suis-nous!» dit le maître nageur.

Toute la bande quitta les vestiaires et trotta gaiement vers les bassins.

«Il va boire la tasse!» riait Alexandre.

«Asseyez-vous tous!» ordonna le maître nageur une fois arrivés au bord du grand bain.

Julien seul resta debout. Le maître nageur lui fit une révérence moqueuse: «Si Sa Majesté Neptune veut bien se donner la peine d'avancer?»

«D'accord», dit Julien.

Il s'assit au bord du bassin et laissa pendre ses pieds. Le maître nageur eut peur que l'enfant ne fasse une sottise:

«Attends!» dit-il...

Trop tard. Julien venait de donner un coup de reins en avant et il s'était levé. Les élèves poussèrent un petit cri, mais Julien ne coula pas. Il se tenait debout SUR l'eau. Il se fit un grand silence dans la piscine, on aurait entendu un poisson rouge chanter une chanson de marine en crachant des bulles. Les enfants se levèrent, sans un mot.

Le maître nageur bredouillait: «Heu... Tu... Tu... Heu... Est-ce que tu peux marcher?»

«Oui, bien sûr!»

Julien marcha jusqu'au milieu du bassin. Il sautilla un peu, pivota comme un danseur:

«Je peux aussi m'asseoir», dit-il en s'asseyant. «Je peux me dresser sur un pied, courir, ou sauter», il faisait ce qu'il disait, «je peux même faire de la glissade... »

Il avait pris de l'élan et revenait en glissant, bras écartés, comme un patineur artistique. Quand il remonta sur le bord, tous ses camarades l'acclamèrent, tout le monde voulait le toucher, on le porta même en triomphe.

«Je me demande», disait la directrice de la piscine, alertée par le maître nageur qui lui avait emprunté son appareil photographique, «s'il aurait le droit de participer aux championnats de natation ! »

«Impossible ! » répondait le maître nageur en prenant des photographies. «Il ne nage pas, il court ! »

«Aucun règlement ne précise que la natation doit se faire DANS l'eau et pas DESSUS ! » répliquait la directrice. «Nous allons l'inscrire aux Jeux Olympiques. »

Les élèves acclamaient le prodige. Julien était heureux, tout le monde l'admirait.

Cependant, le maître nageur avait porté ses photographies à Monsieur Bertrand, le journaliste. Elles parurent le lendemain matin dans le journal. A la sortie de l'école, plusieurs autres journalistes attendaient l'enfant dans la rue. Ils étaient armés d'appareils photographiques et de magnétophones.

Ils demandaient : «Lequel c'est, le *barboteur ?*»

Ils croyaient que les photos étaient truquées et

disaient d'un air soupçonneux: «Les photos? C'étaient des montages?»

«Non! Non!» protestaient les enfants de la classe. «Julien marchait SUR l'eau! Nous l'avons tous vu!»

Ils photographièrent les enfants. La photo de Julien parut dans la presse du soir. On parlait de lui dans les cafés, dans le métro, dans les files d'attente des cinémas, et les gens ricanaient:

«C'est de la publicité!» disaient-ils.

«Prend-il ses pilules, au moins?» disait le père.

«Oui», disait la mère. «Elles ne devraient pas tarder à faire de l'effet.» (Elles en faisaient déjà: le géranium crevait.)

«Je suis en train de devenir une vedette», constatait Julien avec le sourire.

Le lendemain matin, la télévision l'attendait à l'entrée de l'école. Les trois chaînes s'étaient déplacées pour filmer le même événement. De gros camions encombraient la rue Marcel-Aymé. Les journalistes happèrent l'enfant dès qu'il parut:

«Est-il vrai que tu marches SUR l'eau?»

«Est-il exact que tu peux y faire des galipettes?»

«Est-ce que tes vêtements rétrécissent au lavage?»

Et hop! Ils kidnappèrent l'enfant. Le malheureux était étourdi parce qu'ils le tiraient à hue et à dia. Ils le firent monter en automobile et l'emmenèrent.

«Mais ! Je veux aller à l'école ! Laissez-moi !» protestait Julien.

«Tu iras après !» répondaient les journalistes. «L'information d'abord !»

Le cortège d'autos et de camions s'arrêta. On amena l'enfant au bord du bassin des Tuileries, qui est grand, mais pas très profond. Les techniciens branchaient les caméras.

«Traverse le bassin !» criaient les journalistes.

«Je pourrai aller à l'école après ?»

«Oui ! Oui ! Vas-y ! Marche !»

Julien était inquiet ; il n'aimait pas être bousculé. Il enjamba le rebord du bassin et se mit à se promener SUR l'eau, mais cela ne l'amusait plus autant que la veille. Les journalistes étonnés poussaient des oh ! et des ah ! et filmaient l'enfant sous toutes les coutures. Ils lui demandèrent de marcher à reculons, puis à quatre pattes, puis à plat ventre, et puis à cloche-pied. Julien s'arrêta :

«Je veux aller à l'école ! Vous aviez promis de me ramener !»

Les journalistes protestaient. Ils disaient que Julien avait le temps d'aller s'em****** à l'école, qu'il avait toute la vie devant lui ! Ils disaient que puisqu'il allait devenir célèbre il n'avait plus besoin d'apprendre quoi que ce soit ! «Quand on est célèbre», ricanaient-ils, «on sait tout même quand on ne sait rien !»

«Je veux aller à l'école !» répétait Julien en tapant du pied sur l'eau du bassin.

Et il croisait les bras pour montrer sa détermination.

Alors les journalistes le supplièrent et le menacèrent en même temps. «Tu veux mon pied au *** garnement? Une bonne paire de *baffes* lui feraient du bien! Est-ce que nous allons à l'école, nous autres?»

Julien était un bon élève. Il aimait l'école, il aimait son maître et ses camarades. Alors il s'enfuit en courant. Des journalistes le rattrapèrent. Ils lui proposaient des bonbons et de l'argent:

«Encore une fois!» suppliaient-ils. «En sautant à pieds joints!»

«Vous me ramènerez à l'école?»

«C'est juré!»

Il arrivait de plus en plus de journalistes et de badauds autour du bassin. Julien enjamba le rebord, fit quelques pas SUR l'eau, sauta à pieds joints en avant et en arrière, et même, il fit trois galipettes. Il revint tranquillement, applaudi par tous les badauds.

«Encore! Encore!» hurlaient les journalistes et les photographes.

«Je veux aller à l'école», dit Julien.

Les journalistes comprirent qu'il ne ferait plus rien aujourd'hui. Ils ramenèrent l'enfant à l'école. Mais ils l'y attendirent. La rue Marcel-Aymé était paralysée par les voitures de presse. Une nuée de journalistes s'abattit sur l'enfant à onze heures et demie. Tout le monde l'agrippait, lui collait un micro sous le nez pour le faire parler de n'importe quoi.

« Es-tu catholique, musulman, bouddhiste, israélite, ou animiste ? »

« Comment fais-tu pour te laver les pieds ? »

« Est-ce que ta grand-mère fait du vélo ? »

Julien se débattait. Il y avait des publicitaires qui lui mettaient de force dans les mains des paquets de lessive ou de raviolis, et qui le prenaient en photo.

« Attrape ce paquet de *Miaou*, petit ! » disaient-ils. « Fais-nous un sourire ! »

Et clic-clac ! Une photo ! Merci ! Ça fera vendre nos aliments pour les chats !

Julien se fâcha tout rouge ! On venait de lui mettre entre les mains un plat de cassoulet tout chaud. Le photographe n'eut pas le temps d'opérer, car il reçut le plat au visage.

« Laissez-moi tranquille ! » cria Julien.

Il courut chez lui, poursuivi par les quolibets de ceux qui l'appelaient « barboteur » ou « marcheur d'eau douce » par dépit.

A la télévision, les présentateurs n'étaient guère plus aimables. On voyait Julien faire ses exhibitions SUR l'eau du bassin des Tuileries, mais les commentaires étaient ridicules. On parlait d'un « drôle de baigneur », on sous-entendait qu'il avait un « truc ».

Le téléphone se mit à sonner. C'étaient des admirateurs qui appelaient. Le père répondit poliment aux trois premiers. Puis il coupa le téléphone.

«Ce n'est pas amusant, la célébrité!» soupira Julien.

Il fallut ruser pour le mener en classe. Il changea de vêtements, se coiffa autrement, chaussa des lunettes; on fit un détour par une autre rue.

Tout l'après-midi, une douzaine de journalistes attendirent rue Marcel-Aymé. Les radios de leurs automobiles chantaient à tue-tête. La vieille dame aux pigeons parlait des enfantastiques à qui voulait l'entendre. Elle parlait de la «transmission de pensée» des jumeaux, du fils du «passe-muraille», des filles qui promenaient les statues, elle parlait de l'enfant qui changeait les autres en bêtes[1], de l'enfant qui marchait sous terre[1], de celui qui se déplaçait au plafond comme les mouches[2]. Ses interlocuteurs souriaient, ils ne la croyaient pas. Ils la photographiaient quand même avec ses pigeons sur les bras, parce qu'ils la trouvaient pittoresque.

A 16 heures 30, la rue fut envahie par une foule de curieux. Les gens avaient découpé les photos de Julien dans les journaux, et désiraient des autographes. Julien hésita. Deux agents de police, appelés par le directeur de l'école, l'encadrèrent. Alors il avança, il avait peur. Les gens l'appelaient, le touchaient, il était bousculé, tiré, tiraillé,

[1] Lire «Ça alors!»
[2] Lire «Impossible!»

poussé, pincé, tandis qu'il dédicaçait ses photos. Des micros lui étaient tendus dans la cohue, et on lui posait des questions aussi saugrenues que la veille :

« Avez-vous une petite amie ? »

« Qu'est-ce que vous préférez à la télévision française ? Les feuilletons américains ou ceux faits aux Etats-Unis ? »

« Quel est l'âge du capitaine ? »

Il répondait n'importe quoi, tout le monde applaudissait. A la fin, on le hissa sur le toit d'une camionnette. Il n'était pas très rassuré, mais au moins, là-haut, on ne lui marchait pas sur les pieds. Un homme le rejoignit sur son perchoir. L'homme avait un micro et souriait. Il se mit à parler à la foule. De temps en temps il se tournait vers l'enfant d'un air engageant. Julien ne comprenait pas bien de quoi l'homme parlait, mais la foule l'applaudissait. L'homme se tourna vers lui :

« Est-ce que vous acceptez ? »

« Heu... »

« Acceptez ! Acceptez ! Acceptez ! » criait la foule.

Julien n'avait pas bien compris. Il avait été question de réaliser une performance officielle au bord de la Seine, quelque chose comme ça.

« Acceptez ! Acceptez ! » criait la foule.

Julien accepta et on l'acclama. Il souriait. Il envoyait des baisers aux gens qu'il connaissait. Il ne savait pas bien ce qu'il avait accepté de faire...

Il avait accepté !

Le lendemain dès l'aube («à l'heure où blanchit la campagne», disait son père d'un air railleur), la circulation fut interrompue par arrêté préfectoral sur tous les ponts entre les quais de la Seine et l'île de la Cité. Des C.R.S. assuraient l'ordre. Des centaines de milliers de Parisiens et de provinciaux (et des touristes étrangers aussi) accoururent à pied sur les ponts et sur les quais de la Seine. Ils achetaient des photographies du héros, des ballons rouges à son effigie, des casquettes Julien, des T-shirts Julien, des foulards Julien, des yo-yo Julien, etc. Les télévisions du monde entier s'étaient installées jusque sur les tours de Notre-Dame de Paris. Des bateaux chargés de photographes naviguaient lourdement sur le fleuve. Un ballon dirigeable survolait la capitale avec des publicités sur les flancs.

Soudain Julien parut.

La foule se mit à onduler comme une mer d'épis de blé dans le vent. Une clameur retentit. On se bousculait si affreusement qu'il y eut plus de cent piétinés !

Julien était au bord de l'eau. Il portait un survêtement bariolé de publicités Machin, Truc, Bidule et Tartempion. Un haut-parleur annonça la performance : Julien devait courir sur la Seine en faisant le tour de l'île de la Cité le plus vite possible. Ce serait un record du monde évidemment, personne n'ayant jamais couru autour de l'île –

personne n'ayant jamais couru SUR l'eau nulle part ailleurs !

Le coup de pistolet retentit ! Julien sauta SUR l'eau ! Il se mit à courir, la population l'acclamait, l'encourageait, lui lançait des fleurs. Il y avait des jaloux qui lui lançaient des bouteilles vides ou qui essayaient de lui cracher dessus du haut des ponts. Julien courait très vite. Il effleurait à peine la surface de l'eau. Une vedette officielle bleu et rouge, aux couleurs de la ville de Paris, l'escortait.

Il boucla le tour de l'île en 8 minutes, 23 secondes et 18 centièmes. Il était essoufflé mais content. La foule l'ovationnait. On lui remit un bouquet de fleurs plus grand que lui. Des C.R.S. le protégeaient. Ils l'amenèrent à la tribune d'honneur où le président de la Répubique et le maire de Paris l'attendaient pour se faire photographier avec lui, à cause des prochaines élections. On apercevait au loin des gens qui brandissaient des banderoles politiques ; une bataille s'ensuivit entre ceux-ci et les C.R.S. Il y eut cent trente-cinq blessés.

A midi, de retour chez lui, Julien se vit aux informations. Des commentateurs faisaient la fine bouche, se demandaient s'il y avait un truquage, si par exemple Julien n'avait pas des échasses de verre. Ils expliquaient savamment que PUISQU'on n'avait jamais vu personne flotter sur l'eau, il était impossible que Julien flottât. D'autres, plus terre à terre, déclaraient que « tout ça c'était de la poudre aux yeux pour amuser les jobards et détourner l'attention de problèmes plus importants tels que le chômage ou l'abondance de crottes de chien dans la capitale». Julien soupira tristement et ferma la télévision.

«Ils sont stupides», murmura-t-il.

Il était de plus en plus triste. Les journaux du jour racontaient que le «marcheur nautique» était peut-être un dieu, un extraterrestre, ou un magicien, et qu'il y avait certainement une ou deux sorcières dans sa famille. Des stupidités. Un critique l'appelait «roi de la flotte», un autre lui souhaitait de perdre son pouvoir et de boire une bonne tasse.

Un tas de lettres était sur la table. Julien ne les ouvrit pas. Il ne riait plus, ne parlait plus. Ses parents le regardaient avec inquiétude...

«Tiens», dit le père, «il y avait une lettre de l'école. Celle-là, je suppose que tu veux la lire?»

Elle venait de ses camarades. «Quand est-ce que tu reviens?» demandait Eric. «Tu nous manques», ajoutait Sophie. Eléonore avait fait un dessin. Les deux Sébastien (car il y avait deux Sébastien dans la classe, l'un qui ne faisait pas de fautes d'orthographe, l'autre qui en faisait deux par mot) avaient écrit le même message, mais c'était facile de savoir lequel avait écrit lequel:

«Nous t'attendons», disait le premier.

«Mou ta tandon», disait le second.

Tous deux étaient écrits de bon cœur. C'était le maître qui terminait en lui envoyant une grosse bise. Eux, au moins, les camarades, le maître, l'aimaient tel qu'il était, célèbre ou pas. Julien soupira.

«Où sont les pilules?» demanda-t-il.

«Quelles pilules?» demanda la mère en pâlissant.

Mais elle avait compris qu'il parlait des pilules alourdissantes, les fameuses pilules de tétrabidule.

«Donne-les-lui», dit le père à la mère.

Julien avala une pilule. Il en prit une autre le lendemain. Puis le surlendemain. A la fin de la semaine, les journaux l'avaient oublié, la radio diffusait des chansons, la télévision des feuilletons. Tout juste si une revue scientifique parlait encore du petit prodige en le comparant à un bouchon de liège.

«Maman! Papa! Venez voir! Vite!»

Les parents accoururent: Julien était assis DANS la baignoire pleine d'eau. Il y était enfoncé jusqu'aux épaules. La famille déboucha le champagne.

Julien retourna à l'école. Tout le monde lui fit fête, et Anne distribua des bonbons car elle en avait chaque jour plein ses poches.

L'après-midi, tout le monde alla à la piscine. Les camarades regardaient Julien avec curiosité. On se demandait comment il allait se comporter.

Il entra dans l'eau tout doucement, il s'y enfonça, s'y enfonça jusqu'au cou. Il se mit à nager la brasse. Il souriait. Il était heureux. Jamais il n'aurait imaginé du temps de sa célébrité que le plus grand bonheur, pour un petit garçon, c'était d'être enfin comme tout le monde!

L'enfant élastique

Gentien sentit son pied droit le démanger et il le gratta. Puis il s'éveilla. Il était dans son lit. Il n'avait pas bougé. Il se demanda comment il avait pu se gratter le pied sans plier la jambe. Il souleva sa tête et il vit cette chose peu banale : son bras s'était allongé de plus d'un mètre.

Il faisait un effet bizarre, ce bras. Gentien le ramena sous les draps. Puis il estima que c'était un pouvoir formidable, et sortit les mains de sous son lit pour voir s'il réussissait à toucher le plafond. Il y réussit parfaitement.

« Je suis en caoutchouc ! » pensa-t-il.

Justement, son frère Aymeril venait de s'éveiller dans le lit à côté du sien. Il bâilla, se leva. Gentien avança une main traîtresse sous le lit, attrapa la cheville de son frère : patatras ! Aymeril s'étala de tout son long. Gentien riait, riait, hi-hi, en cachant sa tête sous l'oreiller. Son frère, pendant ce temps, se baissait, cherchait ce qui l'avait fait trébucher, mais il ne trouva rien.

Avec un gros mot, il passa dans le cabinet de toilette. Gentien l'entendit se laver. Il attendit son retour. Quand Aymeril revint s'habiller, vite, le bras de Gentien s'étira, la main glissa sous le lit comme un serpent pour tirer sur le pantalon sournoisement. Chaque fois qu'Aymeril cherchait à l'enfiler, la main tirait dessus. A la fin, elle poussa le grand frère dans le dos et le fit tomber à plat ventre sur la descente de lit. Hi-hi !

Aymeril chaussa ses souliers. La main en avait

volé un, le grand frère le cherchait partout. Il se souleva. Cette fois, ce fut la jambe de Gentien qui s'étira très loin pour lui botter le derrière. Hi-hi ! Aymeril tomba. Quand il se releva en grondant de colère, Gentien avait déposé le soulier, ses bras et ses pieds reposaient sagement sous les draps. Et l'enfant riait, riait !

Aymeril dit un autre gros mot. Puis il alla dans la cuisine. Il beurra ses tartines. Gentien s'était vite habillé, il s'embusquait derrière la porte comme un petit lutin malfaisant. On va « rigoler » ! se disait-il.

Quand son frère se pencha sur le bol, la main de caoutchouc prit de l'élan, et floc ! elle jeta une bille dans le café. Aymeril était éclaboussé. Il appela sa mère. Il n'avait rien vu !

« Maman ! Je ne sais pas ce que j'ai ce matin ! On me pousse dans le dos ! On me fait tomber ! On me lance des billes dans mon bol ! »

« La maison est peut-être hantée », dit la mère avec un sourire incrédule.

Aymeril poussa un nouveau cri. Pendant qu'il bavardait, la main avait confisqué ses tartines.

« Mes tartines ! On m'a volé mes trois tartines ! »

« Qui ? » demanda la mère. « J'espère que tu ne me soupçonnes pas ? »

« Non. Mais... »

« J'espère que tu ne soupçonnes pas ton petit frère, puisqu'il est encore dans sa chambre ? »

« Non. Mais... »

Gentien se pliait de rire derrière la porte, hi-hi. La mère tailla trois nouvelles tartines pour Aymeril, et Aymeril se mit à manger. Pauvre Aymeril! Ses malheurs ne faisaient que commencer car Gentien arriva. Il s'assit en face du grand frère. Il avait un petit air mignon, vous savez; mais sa vilaine main de caoutchouc s'aventurait sous la table et derrière la chaise de son frère. Quand Aymeril attrapa son bol, la main malveillante le poussa. Le café sauta hors du bol. Aymeril cria. La mère accourut. Gentien riait, riait, hi-hi! Profitant de l'inattention générale, il venait de remettre les trois tartines volées sur la table. La mère découvrit ces tartines:

«Mais?» dit-elle, «Aymeril, tu n'as rien mangé?»

«Si», dit Aymeril. «J'ai mangé les trois tartines que tu m'avais préparées.»

«Ne mens pas!» dit la mère. «Elles sont sur la table.»

«Mais? Mais?»

«Tu vas les manger.»

«Mais je n'ai plus faim!»

Et Gentien riait, riait!

Les deux frères partirent pour l'école.

«Le premier en bas de l'escalier!» proposa Aymeril au petit frère.

Et il s'élança en courant. Mais il eut la plus grosse surprise de sa vie. Le petit frère venait de prendre son cartable dans sa bouche. Ses deux bras s'étaient allongés, et l'enfant dévalait les escaliers à quatre pattes au moins trois fois plus vite que lui.

Aymeril poussa un cri : « Mamaaaaan ! »

Il remonta dans l'appartement.

« Mamaaaan ! »

« Quoi ? »

« C'est Gentien ! Il a des bras de gorille ! »

« Des bras de gorille ? » fit la mère. « Avec du poil partout ? »

« Non ! Des grands bras ! Et il court à quatre pattes comme les singes ! »

« Et il mange des cacahuètes ? » fit la mère.

« Je ne sais pas », dit Aymeril.

« Bon », dit la mère. « Je vais appeler le médecin. »

« Tu as raison ! » approuva Aymeril.

Mais c'était pour LUI qu'elle l'appelait :

« Docteur ! Aymeril hallucine ! Il prend son petit frère pour un singe ! »

« Mais je n'ai pas menti ! » protestait Aymeril.

« Va te coucher », ordonna la mère. « Prends ta température ! »

Et Gentien riait, riait dans la rue, hi-hi !

Il se mit à courir sur le trottoir avec toute une bande de camarades qui portaient son sac. Pour les amuser, il courait sur ses longs bras, il les étirait jusqu'à ce que sa tête arrive au quatrième étage des immeubles. Il criait « coucou » aux habitants, il ouvrait toutes les cages à serins, et la bande riait joyeusement !

Ils couraient. Ils traversèrent la rue sans regarder !

Une auto arrivait ! Un enfant était sur son chemin, sans la voir ! L'automobiliste écrasa le frein, mais son auto roulait trop vite, elle ne s'arrêta pas !

C'est alors qu'un bras fantastique traversa la rue et poussa l'enfant sur le trottoir ! Il le fit tomber sur un tas de cartons d'emballage. Et il se retira.

L'auto roulait encore, ses pneus crissaient sur la chaussée. Enfin, elle s'arrêta. Le chauffeur en descendit et courut auprès de l'enfant tombé dans les cartons. Une contractuelle avait assisté à la scène ; elle vint en courant de son côté. L'automobiliste relevait l'enfant :

« Tu... Tu... Tu n'as rien ? » bredouillait le chauffeur.

« Non », dit l'enfant qui n'avait rien vu. « Pourquoi ? »

L'automobiliste se grattait la nuque :

« Je... J'ai cru voir un bras », murmura-t-il.

« Moi aussi », avoua la contractuelle.

« Un bras qui traversait la rue », dit le chauffeur.

« Moi aussi », avoua la contractuelle.

« Pourtant je n'ai pas bu ! » dit le chauffeur.

« Moi non plus ! » dit la contractuelle.

Ils se tournèrent vers la bande d'enfants qui les regardait de son air le plus innocent. On aurait dit des chérubins en plâtre.

«Vous n'avez rien vu, les enfants?» demanda le chauffeur.

«Non Monsieur.»

«Un bras qui traversait la rue!» insista la contractuelle.

«Non Madame.»

Le chauffeur se grattait la nuque.

«Un bras long comme ça, ça n'existe pas!» dit Gentien. «C'est comme la fourmi de dix-huit mètres de la récitation, hi-hi! Ça n'existe pas!»

Et il s'en alla en riant, entouré par ses camarades.

Mais Gentien avait eu très peur, et il ne voulait plus faire de farces. Il avait enfoncé ses mains dans les poches de sa veste, et se contentait de marcher normalement. Il ne faisait pas attention, ce faisant, que ses jambes devenaient élastiques et qu'elles s'étiraient à chaque pas. Si bien que sa tête atteignit les nuages comme s'il marchait sur des échasses. Il n'entendait plus les copains.

Un avion le ramena aux réalités. En se trouvant nez à nez avec l'enfant, le pilote de l'avion s'écria: «Je ne croyais pas voler si bas!»

«Je ne croyais pas marcher si haut!» pensa Gentien.

L'avion prit de l'altitude, et Gentien redescendit sur terre. Tous ses camarades l'attendaient rue Marcel-Aymé. Ils le portèrent en triomphe jusque dans la cour. Il ne voulait plus faire de farces. Comme ses mains étaient dans sa veste, il fourra ses pieds dans les poches de son pantalon. (Pour lui, c'était facile.) Et il refusa de les en retirer. Il fallut le porter pour le mener en classe. Et une fois assis, il ne bougea plus.

Mais voilà que l'après-midi, on fit une répétition théâtrale. Les enfants montaient *Le Roman de Renard* pour la fête de l'école, et Gentien jouait le rôle d'un oiseau. Quand son tour fut venu d'entrer en scène, il se précipita vers l'estrade. Il avait oublié d'ôter ses pieds de ses poches ! Patatras ! Il s'étendit sur le carrelage.

« Que se passe-t-il ? » demanda le maître en entendant ce bruit.

« Ce n'est rien », dit Thomas, « c'est seulement Gentien qui apprend à nager... »

« ... mais il n'y a pas d'eau ! » compléta Samuel, son jumeau.

Toute la classe riait – sauf Gentien.

L'année scolaire s'acheva. La fête fut une réussite, les enfants jouèrent leur pièce parfaitement. Certains s'appliquaient tellement qu'ils se métamorphosèrent en renards et en loups. Ils firent très peur aux spectateurs. La vieille dame aux pigeons se plaignit même d'un renard, qui voulait manger ses oiseaux !

« On ne fait pas cela un jour de fête ! » protestait-elle. Elle racontait aux gens tout ce qui se passait dans l'école : « Il y a des enfants qui tordent les métaux à distance, il y en a qui volent les ombres des gens pour les plier comme des draps dans des armoires, il y a un gamin qui peut se décomposer en morceaux et se reconstituer quand il veut ! Parfaitement, Madame, je les ai vus ! Même qu'ils sont capables de dire combien font 3 et 3 sans se servir de calculatrice, parfaitement, Monsieur !»

Elle était fâchée, la dame aux pigeons, mais ce n'était pas pour longtemps, parce qu'elle aimait l'école et ses enfantastiques. Et moi, j'aurais pu vous raconter encor des tas d'histoi, mais je n'ai plu d'encre dan mon stylo, et je n'ai pas de cartouch de rechang, je vai êtr oblig de m'arrêt car mon styl n'écri plu que la moitié des mo ; alor j vou embra bi fo